Breuning

Worauf es wirklich ankommt

Klaus Breuning

Worauf es wirklich ankommt

Impulse aus dem Evangelium

Patmos Verlag Düsseldorf

CIP-Kurztitelaufnahme der Deutschen Bibliothek

Breuning, Klaus
[Sammlung]
Worauf es wirklich ankommt : Impulse aus d. Evangelium. – 1. Aufl. – Düsseldorf : Patmos-Verlag, 1978.
ISBN 3-491-77334-2

1. Auflage 1978
Umschlaggestaltung Ralf Rudolph
Druck: Druckerei Gebr. Rasch & Co., Bramsche
ISBN 3-491-77334-2

Inhalt

Belastungsproben – Grenzsituationen

Was uns leben läßt

Vorwort

Dieses kleine Buch – im Lauf von fünf Jahren entstanden – ist nicht als systematische Sammlung entworfen, sondern erst im nachhinein in dieser Form zusammengestellt worden.

Was hier vorliegt, ist gesprochenes Wort, gesprochen zu den vielen Hörern der Morgenandachten im Nord- und Westdeutschen Rundfunk. Ihr vielfältiges Echo und ihre Bitten um Manuskripte haben mich ermutigt, diese Texte in Buchform vorzulegen. Ihnen und den Freunden, die durch Kritik und Ermunterung am Entstehen dieser Sammlung beteiligt waren, sei sie gewidmet.

Die kurzen Texte versuchen, in einfacher Sprache, ohne religiöse Schablonen und Leerformeln, für das alltägliche Leben Impulse aus dem Evangelium zu geben. Es sind offene Meditationen, die zum Weiterdenken anregen wollen. Sie versuchen, jene zentralen Aspekte der Botschaft Jesu herauszustellen, die für gelebtes Christsein wichtig sind.

Wer am Morgen oder am Abend nach einem Gedanken sucht, der ihn begleiten kann für kürzere oder längere Zeit: vielleicht findet er ihn hier.

Osnabrück, im Advent 1977

Klaus Breuning

Wenn du ein Christ sein willst

Fang wieder vorn an

Vor kurzem ist mir ein Buch in die Hände gefallen, ein Band mit Bildern und ‚Texten zum Nachdenken', wie es im Untertitel hieß. Zunächst waren es die herrlichen großformatigen Fotos, die mir beim Durchblättern auffielen. Aber dann fing ich an, die Texte zu lesen, und dabei blieb ich hängen. Einige der kurzen, dichten Texte gehen mir seither immer wieder durch den Kopf. Schon mit der ersten Zeile, die zugleich der Titel des Buches* ist, fing es an: „Wenn du ein Christ sein willst ...".
Natürlich, dachte ich, will ich es sein. Und hundert- und tausendmal habe ich gehört, was von mir verlangt wird, damit ich es bin. Wenn du ein Christ sein willst, so habe ich es schon als Kind gelernt, dann mußt du an Christus glauben, an seine Botschaft; du mußt an den Vater im Himmel glauben, der alles geschaffen hat, an seinen Sohn, der uns erlöst hat, an das ewige Leben – kurzum an alles, was im Neuen Testament aufgezeichnet steht und was die Kirche als christliche Lehre verkündet. Und du mußt das alles nicht nur glauben, du mußt auch danach handeln. Wenn du ein Christ sein willst, so habe ich gelernt, dann mußt du die Gebote Gottes halten, vor allem das Gebot der Liebe: Gott lieben und den Nächsten lieben wie dich selbst. Und nicht zuletzt mußt du getauft sein, und du mußt den

* Linus David, Wenn du ein Christ sein willst. Texte zum Nachdenken, Limburg 1976.

Gottesdienst mitfeiern mit deiner Gemeinde, und du mußt etwas tun für das Reich Gottes in dieser Welt.
Du mußt und du sollst dies alles und noch viel mehr, ging es mir durch den Kopf, als ich den Satz las: „Wenn du ein Christ sein willst ..." Und dann kam die große Überraschung, das völlig Unerwartete, als ich den Text weiterlas:

„Wenn du ein Christ sein willst
dann schlag dir aus dem Kopf es zu sein
mißtraue dir selbst und
fang wieder vorn an
siebenmal siebzigmal vorn."

Ich bin also gar kein Christ. Ich besitze zwar einen Taufschein und bin Mitglied einer christlichen Kirche. Ich zahle Kirchensteuer und gehöre zu einer bestimmten Gemeinde, aber deswegen bin ich noch kein Christ. Und ich muß es mir sogar aus dem Kopf schlagen, ein Christ zu sein, selbst wenn ich alles glauben würde, was ich glauben soll, und alles tun und lassen würde, was ich als Christ tun und lassen soll. Nicht nur deshalb, weil ich trotz meines Glaubens die Zweifel nicht loswerde, und nicht nur deshalb, weil ich oft versage. Wenn ich ein Christ sein will, einer, der den Namen Jesu Christi zu Recht gebrauchen darf, dann muß ich als allererstes die Vermessenheit aufgeben zu meinen, ich wäre aus diesen oder jenen Gründen schon ein Christ oder ich würde es irgendwann und irgendwie wirklich sein. Niemals werde ich dem Anspruch des Evangeliums gerecht werden. Immer bleibe ich himmelweit davon entfernt. Nie darf ich das Mißtrauen mir selbst gegenüber verlieren. Immer muß ich neu anfangen. Nur das ist meine Chance, Christ zu sein, daß ich immer neu damit beginne. Christ kann ich nur sein im Werden, nur wenn ich immer wieder vorn anfange.
Je mehr ich über diesen einen Satz nachdenke, desto deut-

licher wird mir: das ist ein Programm für mein ganzes Leben:

„Wenn du ein Christ sein willst
dann schlag dir aus dem Kopf es zu sein
mißtraue dir selbst und
fang wieder vorn an
siebenmal siebzigmal vorn."

Verzeih

Psychologen sagen, es sei eine typische Zeitkrankheit, daß sich immer mehr Menschen überfordert fühlten: im Beruf, in Ehe und Familie, in den Schulen. Wer sich überfordert fühlt, wird die Vorstellung nicht los, daß er seinen Aufgaben nicht gewachsen ist, daß zuviel von ihm erwartet wird. Oder er stellt sich selbst zu hohe Forderungen – beides kann schlimme Folgen haben.

Ist es nicht auch eine Überforderung, ein Christ sein zu wollen – eine zu große Forderung, die ich an mich stelle oder die an mich gestellt wird? Ich weiß doch, wie wenig ich es bin, wie groß das Ideal ist und wie armselig die Praxis. Wie soll ich mit diesem Zwiespalt von Anspruch und Wirklichkeit leben – ein Christ sein zu wollen und doch genau zu wissen, daß ich es im Grunde nicht bin?

Viele leiden darunter und wissen nicht, wie sie damit fertig werden sollen. Und das ist nicht nur ein privates Problem, sondern es verschärft sich noch, wenn ich daran denke, wie wenig sie alle, die sich Christen nennen, wie wenig wir alle dem Anspruch gerecht werden, unter dem wir angetreten sind. Jesus hat gesagt, wir sollten Licht sein, das anderen leuchtet. Wir sollten die anderen, alle anderen so lieben, wie er es uns vorgemacht hat. Wir sollten nicht auf unsere

Rechte pochen, sondern da-sein für andere. Wir sollten nicht verurteilen, keinen Menschen ablehnen, niemandem unsere Meinung oder unseren Glauben aufzwingen. Wir sollten nicht wie die Kinder dieser Welt sagen: wie du mir, so ich dir, sondern: Wenn jemand dich auf die linke Backe schlägt, dann halte ihm auch die rechte hin. Wenn dir jemand den Rock nehmen will, dann laß ihm auch noch den Mantel.

Anspruch und Wirklichkeit – wie weit klafft das auseinander. Und wenn ich dazu noch daran denke, was Christen in zwanzig Jahrhunderten ihrer Geschichte alles angerichtet haben und – noch schlimmer – was sie alles nicht getan haben, dann wird der Skandal noch größer. Anspruch und Wirklichkeit – sind wir nicht total überfordert? Sollten wir nicht lieber aufgeben und zugeben: Es ist mit dem Christentum nicht mehr anzufangen als mit allen anderen schönen Programmen und Theorien?

Einige Zeilen aus dem Buch von Linus David haben mir darauf eine Antwort gegeben:

„Daß du es nicht bist – ein Christ –
verzeih es dir selbst
siebenmal siebzigmal
laß dirs verzeihen
daß sie es nicht sind
vergib es getrost auch den andern
heute und morgen
pauschal verrechnet auch gestern
daß wir es nicht sind verzeih
wenn du ein Christ sein willst."

Wenn ich über diese Sätze nachdenke, dann weiß ich, was ich noch lernen muß, wenn ich ein Christ sein will. Ich muß mein Versagen annehmen, meine Unzulänglichkeit und meine Grenzen bejahen, mir selbst verzeihen, weil mir immer wieder meine Schuld vergeben wird. Und ich muß den anderen verzeihen, allen, die mit mir das Ärgernis, ja den Skandal zu verantworten haben, den wir unseren Mitmenschen geben, gegeben haben und sicher weiter geben werden, weil wir immer unendlich weit hinter dem Anspruch zurückbleiben, unter dem wir angetreten sind. Nicht nur, daß wir dies oder jenes getan oder nicht getan haben, sollen wir vergeben und wird uns vergeben, sondern: daß wir nicht so sind, wie wir sein sollen. Christen sind Menschen, die von der Vergebung und vom Vergeben leben.

„Daß du es nicht bist – ein Christ –
daß sie es nicht sind ...
daß wir es nicht sind verzeih
wenn du ein Christ sein willst."

Gebrauche die Freiheit

Alle reden von Freiheit, und jeder meint etwas anderes damit. Freiheit von, Freiheit für, Freiheit statt, Freiheit oder – eine wahrhaft babylonische Sprachverwirrung um dieses große Wort. Und dennoch ist es nicht wegzudenken, weil es etwas von dem beschreibt, was den Menschen zum Menschen macht.

Manche meinen allerdings, Christsein hätte mit Freiheit wenig zu tun, und die christlichen Kirchen hätten nie allzuviel von der Freiheit gehalten. Bei ihnen gehe es mehr um Gesetz und Gehorsam. Und dennoch ist Freiheit ein Grundwort christlicher Existenz. Welche Freiheit?

In dem schon genannten Buch fand ich diesen Satz:

„Wenn du ein Christ sein willst
gebrauche die Freiheit
brauch sie zum Freisein vom Zwang gegen andre."

Die Freiheit eines Christenmenschen besteht also nicht darin, daß er alles tun kann, was er will. Das wäre ohnehin die Freiheit des Dschungels, das Ende menschlichen Zusammenlebens. Immer ist meine Freiheit begrenzt durch die Freiheit der anderen. Und begrenzt ist sie ohnehin durch vieles andere, was mir vorgegeben ist. Aber innerhalb dieser Grenzen gibt es einen Spielraum freier Entscheidungsmöglichkeiten, und genau dort entscheidet sich, ob ich ein Christ sein will. Ich kann meine begrenzte Freiheit dazu benutzen, den anderen meine Überlegenheit spüren zu lassen. Ich kann ihn überreden, etwas zu tun, was er von sich aus gar nicht tun will. Ich kann ihm über den Mund fahren, ihn nicht ausreden lassen, weil ich ja schon weiß, was er sagen will. Ich kann Abhängigkeiten, die nun einmal unter uns Menschen nicht wegzudenken sind, ausnützen, um andere gefügig zu machen. Wie oft geschieht das unter uns, unter denen, die sich Christen nennen und damit beweisen, wie wenig wir es sind.
Andere wirklich frei sein zu lassen, gerade dann, wenn sie anders denken und glauben, wenn sie anders handeln und sind als ich, dazu gehört nicht nur Toleranz und Großmut, sondern vor allem Frei-sein von sich selbst, von egoistischen Wünschen, Erwartungen, Hoffnungen. Aber nur dann bin ich wirklich frei, wenn ich die anderen nicht nur ertrage, sondern alles tue, was ich tun kann, damit sie frei sind – frei von Bevormundung, Angst und Zwang.
Auch die zweite Hälfte des Textes hat mich nachdenklich gemacht:

„Such deine Freiheit im
Freisein der andern
mit dir.“

Näher läge es mir, wenn es hieße: Suche deine Freiheit im Freisein mit anderen. Jeder hat schon erfahren, daß Zusammensein mit anderen frei macht, Spannungen löst, Freude schenkt. Aber indem ich das Freisein mit anderen suche, suche ich im Grunde meine Freiheit, und die anderen sind der Raum, wo ich sie finde. Wenn ich aber meine Freiheit im Freisein der anderen mit mir suche, dann geht es letztlich nicht um mich und meine Freiheit, sondern um die anderen, um ihr Freisein, für das ich alles zu tun bereit sein müßte.

Das klingt vielleicht sehr theoretisch und kompliziert. Aber wenn ich überlege, was ich heute zu tun habe, wenn ich an die Menschen denke, mit denen ich zusammenarbeiten muß, die mir anvertraut sind oder um die ich mir Sorgen mache, und wenn ich dann daran denke, daß ihre Freiheit, ihr Freisein von Zwang und Angst zu einem guten Teil davon abhängt, wie ich mit ihnen umgehe, dann weiß ich, daß das eine sehr klare und konkrete Forderung ist:

„Wenn du ein Christ sein willst
gebrauche die Freiheit ...
zum Freisein vom Zwang gegen andre
such deine Freiheit im
Freisein der andern
mit dir."

Laß dir Zeit

Oft wird gesagt, die Christen versuchten die Not und die Probleme der Welt dadurch erträglicher zu machen, daß sie die Menschen mit einem besseren Jenseits trösteten. Wenn dieser Vorwurf stimmt, wären die Christen für alle Aufgaben, die hier und heute zu bewältigen sind, disqualifiziert. Wer Arme, Hungernde und Unterdrückte nur mit der Hoffnung auf ein besseres Jenseits tröstet, vertröstet

sie und lähmt alle Initiativen, die Welt gerechter und menschlicher zu machen. Hat Jesus das gewollt?
In Linus Davids Buch fand ich Zeilen, über die ich lange nachdenken mußte:

„Wenn du ein Christ sein willst
laß dir Zeit
laß dir die Zeit zum Leben
weil du sterben wirst."

Das klingt nicht nach Jenseitsvertröstung. Im Gegenteil: da ist die Rede davon, daß ich jetzt, in dieser Welt, aus meinem Leben etwas machen soll. Ich soll mir Zeit lassen zu leben. Denn dieses Leben hier und nirgendwo sonst ist die unwiederholbare Chance, die mir gegeben wurde. Diese Zeit ist meine Zeit, das Kostbarste, was ich besitze. Zeit ist nicht nur Geld, wie das Sprichwort sagt. Zeit ist mehr als Geld; denn für Geld kann ich keine Zeit kaufen. Ich kann sie nur ausgeben, sparsam oder verschwenderisch. Ausgegebene Zeit kann ich nicht zurückholen. Aber jetzt kann ich über sie verfügen, denn es ist meine Zeit, meine Zeit zum Leben. Und sie ist um so kostbarer, weil ich weiß, daß sie einmal zu Ende ist. Weil ich sterben werde, darum hat dieses Leben seinen einmaligen, unersetzbaren, endgültigen Wert. Gäbe es den Tod nicht, wäre alles gleich-gültig, beliebig, austauschbar. Nicht obwohl ich sterben werde, sondern weil ich sterben werde, kann ich das Leben lieben in seiner Vielfalt, Einmaligkeit und Unersetzbarkeit. Weil es den Tod gibt, weiß ich, wie kostbar das Leben ist.
„Laß dir die Zeit zum Leben, weil du sterben wirst." Nicht Vertröstung auf später, sondern jetzt und hier soll ich leben, soll ich tun, was sinnvoll und notwendig ist, wenn ich ein Christ sein will. Natürlich hoffe ich als Christ, daß dies Sterben nicht das absolute Ende ist. Aber diese Hoffnung darf und will mich nicht daran hindern, in diesem Augen-

blick, in dieser Welt ganz da zu sein. Denn in diesem Leben geht es um alles. Ich darf hier nicht leben wie auf einer lästigen Zwischenstation. Ich bin nicht hier wie ein Gefangener oder Verbannter, der seine Zeit absitzen muß. Ich bin vielmehr jemand, dem ein unbezahlbarer Schatz anvertraut ist: diese meine Zeit, diese Menschen, diese unsere Welt. Hier gilt es zu handeln, zu helfen, zu heilen. Dies ist meine Zeit. Dies ist unsere Welt. Was wir hier nicht getan haben, bleibt in dieser Welt ungeschehen. Hier entscheidet sich, was end-gültig sein wird, was mein Sterben gelingen läßt und mein Sterben überdauert.

Ich habe noch Zeit. Ich weiß nicht, wieviel, aber ich habe heute noch Zeit. Und ich will mir Zeit lassen, Zeit zum Leben, weil ich sterben werde. Und darum will ich sie lieben, diese Zeit und diese Menschen und diese Welt --- weil ich ein Christ sein will.

Hoffe auf SEIN Grab

Beim Durchblättern des neuen Buches mußte der Blick auf diesem ganzseitigen Foto hängenbleiben: Formatfüllend der Kopf eines Säuglings, drei bis vier Monate alt, ein bißchen Flaum auf dem Kopf, Stubsnase, Pausbacken, Sabbelschnute und zwei große, wache, fragende, leuchtende Augen. Und dazu auf dem Blatt gegenüber ein Text unter der Überschrift: „Hoffnung auf Leben“. Aber der Text begann ganz anders, als ich – angeregt durch das Foto – erwartet hatte:

„Meinetwegen
vergrab dich im Berg der Policen
versichere dich
daß du versichert bist
heute und morgen und allenfalls

meinetwegen
hau dir dein Geld um die Ohren
glaub daran daß
alles zu kaufen ist – alles
was du verlieren wirst
heut oder morgen und jedenfalls."

Auf der einen Seite das Bild erwachenden Lebens und auf der anderen Seite: Lebensversicherungen, die man kaufen kann, Geld, für das man alles haben kann, alles, was man wieder verlieren wird. Aber ist das nicht genau unsere Wirklichkeit?

Wir erfahren, wie kostbar und unersetzbar unser Leben ist. Aber statt es zu lieben, so wie es uns gegeben ist, statt uns die Zeit zum Leben zu lassen, weil wir sterben werden, statt dessen rackern wir uns ab, um unser Leben gegen alle Eventualitäten abzusichern. Wir glauben sicher zu sein, weil wir uns versichert haben.

Natürlich ist es richtig, daß wir Vorsorge treffen für uns und für die uns Anvertrauten. Aber weil man für vieles Vorsorge treffen und für viel Geld vieles haben kann, glauben wir, daß man alles kaufen kann: Gesundheit, Sicherheit, Glück, vielleicht auch ein langes Leben und irgendwie auch den Tod. Dabei kann ich exakt nur das kaufen, was ich todsicher wieder verlieren werde. Nichts von allem, was ich mir gekauft habe, bleibt mir, wenn der Tod kommt. Keine Lebensversicherung sichert mir das Leben, schützt mich gegen den Tod.

Und wo bleibt dann die ‚Hoffnung auf Leben', von der das Foto und die Überschrift sprachen? Die Antwort fand ich am Ende des Textes:

„Wenn du ein Christ sein willst
horch auf den Atem des Säuglings
in irgendeiner Wiege

buchstabier den verwitterten Namen
auf irgendeinem Grabkreuz."

Zwischen Wiege und Grab – das ist mein Leben. Und darin ist alles beschlossen, was jetzt meinem Leben Sinn geben kann. Nicht das, was ich kaufen kann, macht mein Leben lebenswert, sondern daß ich leben darf, daß ich sehen kann, was um mich herum geschieht, daß ich hören kann, was andere mir sagen, daß ich Hände habe, mit denen ich Sinnvolles tun kann, und Füße, die mich zu anderen tragen, daß ich mir Zeit zum Leben lasse, weil ich sterben werde, kostbare Zeit, die ich nicht kaufen kann.
Hoffnung auf Leben – keine Lebensversicherung kann mir einen Funken davon geben. Denn am Ende reicht sie vielleicht noch für meinen Namen auf einem Grabkreuz. Hoffnung auf Leben, die den sicheren Tod überdauert, sie wird mir nur von dem geschenkt, der selbst dieses Leben ohne alle Sicherungen und Versicherungen ganz mit den Menschen und für die Menschen gelebt und durchlitten hat und ohne erkaufte Sicherungen in den Tod gegangen ist. Hoffnung auf Leben über den sicheren Tod hinaus finde ich nur bei IHM.
Die letzten Zeilen des Textes gegenüber dem Kinderbild, die alles zusammenfassen, was mir Hoffnung gibt, möchte ich nie mehr vergessen:

„Wenn du ein Christ sein willst
hoffe auf SEIN Grab."

Glaub, daß du glauben kannst

Ich finde es gut, daß wir endlich damit aufgehört haben, Menschen, die sich zu keiner Religionsgemeinschaft bekennen, ‚Ungläubige' zu nennen. Vor zwanzig Jahren wurde in den katholischen Kirchen am Karfreitag noch für die ‚ungläubigen Juden' gebetet – welch ein Hochmut! Im Vatikan gibt es zwar noch ein ‚Sekretariat für die Nichtglaubenden', aber damit sind nicht Juden, Moslems, Hindus oder Buddhisten, sondern Atheisten gemeint. Ich meine allerdings, auch ein Atheist ist kein Ungläubiger. Es gibt überhaupt keinen Menschen, der nicht glaubt – und wenn es der Lauf der Sterne wäre, an den er glaubt. Glauben bedeutet ja zunächst nicht, daß ich bestimmte Sätze für wahr halte, daß ich dieses und jenes richtig finde, was mir der Glaube sagt, daß ich also meine Gründe habe, sondern daß ich mich auf etwas, nein besser: auf jemanden, verlasse, auf ihn baue, ihm vertraue. Wer eine Freundschaft oder Ehe schließt, tut das ja nicht nur, weil er dies und jenes vom anderen weiß, sondern weil er überzeugt ist, daß er sich auf den anderen verlassen kann, weil er ihm vertraut. Glaube – das ist die Antwort auf die Frage nach den letzten, nicht erklärbaren Sicherheiten, die jeder auf seine Weise hat. Es kann viele Gründe geben, weshalb jemand etwa vom Fortschritt der Menschheit oder vom Sieg des Weltkommunismus überzeugt ist. Wenn das aber wirklich innere Überzeugung und letzte Sicherheit für ihn ist, dann ist mehr im Spiel als eine Kette von Gründen oder Beweisen, auf die er sich stützt. In jeder Überzeugung steckt Glaube, so viele Gründe auch diesen Glauben stützen mögen.

Glaube ist mehr als eine Kette von Gründen und Beweisen, von deren Richtigkeit ich überzeugt bin. Das gilt erst recht für mich, wenn ich ein Christ sein will. Es mag viele Gründe geben, die meinen Glauben an Jesus Christus stützen: das, was mir andere mitgegeben, vorgelebt haben und was mir an der Person und an der Botschaft dieses Jesus glaubwürdig erscheint. Das ist wichtig und bedeutet Stütze und Hilfe, aber im letzten bewirkt dies alles noch nicht, daß ich wirklich glaube. „Wenn du ein Christ sein willst", so las ich in dem Buch, das diesen Titel trägt,

„Wenn du ein Christ sein willst
laß dich los in den Abgrund
geh übers Wasser
laß los
Glaub an das Wunder
glaub
daß du glauben kannst
wenn du ein Christ sein willst."

Diese Worte sind mir nachgegangen und haben mir deutlich gemacht, warum uns der Glaube oft so schwer wird, warum er so lahm und so wenig überzeugend ist, warum er uns nicht trägt. Das liegt nicht daran, daß wir mit bestimmten Glaubenssätzen unsere Schwierigkeiten haben, sondern weil wir uns nicht los-lassen, unsere vermeintlichen Sicherheiten, unsere tausend Gründe und Gegengründe nicht hinter uns lassen, weil wir nicht bereit sind zu springen, alles auf eine Karte zu setzen, den Sprung des Glaubens zu wagen. Erfahren, daß der Glaube mir letzten Halt geben kann, daß ich – im Bild gesprochen – am Abgrund nicht abstürze, daß das Wasser mich trägt, wie es den Petrus trug – ein Bild für seinen Glauben –, das kann ich nur, wenn ich mich loslasse.
Ich werde also nie festen Boden unter meinen Füßen haben, wenn ich glaube. Im Gegenteil: ich muß immer neu aufbrechen, um jene andere Gewißheit zu erfahren, die mir nur im Wagnis des Glaubens geschenkt werden kann: „Glaub, daß du glauben kannst, wenn du ein Christ sein willst."

Wer ist mein Nächster?

Ent-Schuldigungen

Durch alle Zeitungen ging damals diese Nachricht: Ein junger Mann wird in der Silvesternacht überfallen, beraubt, an Händen und Füßen gefesselt und nackt im Schnee seinem Schicksal überlassen. Kriechend und hüpfend gelingt es ihm, die nahegelegene Straße zu erreichen, um Hilfe zu suchen. Vergebens. Mehrere Autos fahren vorbei, verlangsamen zwar das Tempo, aber niemand hält an. Am nächsten Morgen wird der junge Mann erfroren aufgefunden.

Einige Autofahrer, denen man nachweisen konnte, daß sie in jener Nacht an dem Gefesselten vorbeigefahren waren, werden wegen unterlassener Hilfeleistung angeklagt. Alle haben überzeugende Entschuldigungen. Das habe eindeutig nach einem üblen Scherz in der Silvesternacht ausgesehen, und: von solchen Gangstertricks habe man schon oft gehört ...

Ich weiß nicht, ob das Gericht die Angeklagten freigesprochen hat, aber ich weiß wohl, daß wir uns selbst immer wieder freisprechen, wenn wir es unterlassen, Hilfe zu leisten, wo Not am Mann ist. Um Ent-Schuldigungen, das heißt um Erklärungen, die uns von Schuld freisprechen sollen, sind wir nicht verlegen: Das gibt unnötige Scherereien; wer weiß, vielleicht muß man später noch als Zeuge vor Gericht erscheinen; man hatte es doch so eilig an jenem Tag, da war eine wichtige Verabredung; oder: die Sache sah mulmig aus, man wollte nicht hineingezogen werden; und: warum gerade ich, da sind doch viele vorbeigekommen. Viele sind vorbeigegangen.

Es ist immer noch so wie in der Geschichte, die Jesus erzählt hat: „Es gab einen Mann, der von Jerusalem nach Jericho ging und den Räubern in die Hände fiel. Die warfen ihn nieder, zogen ihn aus, schlugen ihn halbtot und ließen ihn liegen: So fand ihn ein Priester, der zufällig den gleichen Weg ging wie er. Der sah den Mann – und ging weiter. Später kam ein Levit an die Stelle; auch er sah den Mann – und auch er ging weiter. Schließlich kam ein Samariter vorbei, und als der den Mann sah, hatte er Mitleid mit ihm, trat auf ihn zu, wusch ihm seine Wunden mit Öl und Wein aus, verband sie, hob den Mann auf sein Lasttier und brachte ihn zu einer Herberge. Dort versorgte er ihn und blieb bei ihm bis zum anderen Tag. Dann gab er dem Wirt zwei Silberstücke: ‚Das ist für die Pflege', sagte er, ‚wenn du mehr brauchst, will ich's dir bezahlen. Ich komme zurück'" (Lk 10, 30–35).

Eine provozierende und eine tröstliche Geschichte, die Jesus erzählt hat. Provozierend, weil zwei von dreien, die sehen, was geschehen ist, vorbeigehen und keinen Finger rühren. Natürlich haben sie ihre wohlbegründeten Entschuldigungen, wie wir sie haben. Jeder hat seine Ent-Schuldigungen ... Tröstlich ist die Geschichte, weil immerhin schon der Dritte, der vorbeikam, nicht nach Entschuldigungen suchte, nicht an den Ärger dachte, den er damit vielleicht noch bekommen würde, nicht um seine Sicherheit besorgt war – es hätte ja auch ein Trick sein können! –, überhaupt nicht mehr nachdachte, sondern den Verletzten sah, Mitleid mit ihm hatte und anfing, sich um den Mann zu kümmern. Er hat sicher nicht einmal darüber nachgedacht, daß er jetzt Nächstenliebe üben müsse. Er hat den anderen gesehen, der ihn, genau ihn, brauchte. Alles andere ist zur

Nebensache geworden. Nachgedacht hat er sicher erst, als er überlegen mußte, was jetzt sinnvoll zu tun sei: zunächst die Wunden versorgen, dann Abtransport in die Herberge, Sorge für gute Pflege und Entschädigung für den Wirt. Wenn nur jeder dritte von uns das täte, was er getan hat, würde es anders aussehen in unserer Welt. Dabei geht es nur selten um jemanden, der zusammengeschlagen wurde oder verunglückt ist. Menschen, die unsere Hilfe brauchen, können jeden Tag unseren Weg kreuzen. Wer wird der NÄCHSTE sein?

Zuschauer und Passanten

Jedesmal, wenn Zeitung, Rundfunk und Fernsehen darüber berichten, packt mich die Wut: Da passiert irgendwo ein schlimmer Verkehrsunfall, ein Eisenbahn- oder Flugzeugunglück, da bricht ein Großbrand aus oder geschieht ein Bankraub mit Geiselnahme – und im Nu sind die Straßen verstopft von neugierigen Gaffern, so daß sich Rettungsfahrzeuge, Feuerwehr und Krankenwagen nur mühsam einen Weg bahnen können. Kostbare Minuten, in denen es um Leben oder Tod von Menschen geht, werden verspielt, nur weil Schaulustige und Sensationshungrige die Zufahrtswege blockieren. Ich gestehe, daß ich in solchen Situationen schon mehrfach – ganz unchristlich – gesagt habe: Man sollte solche Zeitgenossen, die durch ihre Neugier andere daran hindern, Hilfe zu leisten, einsperren. Natürlich weiß ich, daß es dafür leider keine Rechtshandhabe gibt, und ich bin auch beim ruhigen Überlegen davon überzeugt, daß sich diese unersättlichen Zuschauer dessen gar nicht bewußt sind, was sie anrichten. Dennoch ist es – so meine ich – unmenschlich, was da geschieht.
Ich will nicht bestreiten, daß solche ungewöhnlichen Ereig-

nisse ihren besonderen Reiz haben, und ich will auch nicht sagen, daß menschliche Neugier und Schaulust in sich etwas Schlechtes sind. Aber ich meine, daß in solchen Situationen Menschen in ihrer Not nicht mehr ernst genommen werden, weil das Verlangen nach dem Nervenkitzel, die bloße Lust, dabei gewesen zu sein, sie zu Objekten macht, die dafür herhalten müssen, unser Schaubedürfnis zu befriedigen. Dabei-sein ist eben nicht alles. Dabei-sein und nicht das tun, was getan werden müßte, Menschen in Not nur begaffen, nicht wenigstens daran denken, daß man anderen, die helfen wollen, im Weg stehen könnte, das – so meine ich – ist eine versteckte Form von Unmenschlichkeit. Versteckt deshalb, weil viele offenbar gar nicht merken, was hier passiert: daß die Not von Menschen nur noch Gegenstand der Show ist, daß die verzweifelten Schreie von Mitmenschen, die um ihr Leben kämpfen, konsumiert werden wie eine Filmszene.

Mag sein, daß wir uns durch das Massenangebot von Fernseh- und Illustriertenbildern, ohne es zu merken, immer mehr an den Schaukonsum gewöhnt haben, daß wir alles Schreckliche, das in unserer Welt passiert, unbeteiligt verkonsumieren und daß wir deshalb immer stärkere Dosen an Nervenkitzel gebrauchen. Die schrecklichen Bilder allein genügen schon nicht mehr, man muß ‚life' dabei sein, möglichst hautnah heran.

Ich finde, daß hier etwas Beängstigendes geschieht. Es wäre schlimm, wenn wir inzwischen eine Gesellschaft von Zuschauern und Passanten geworden wären. Zuschauer und Passanten, das sind Menschen, die das Gespür dafür verloren haben, daß es in solchen schrecklichen Situationen wahrlich Wichtigeres gibt als dabei-gewesen zu sein.

Im Gleichnis vom barmherzigen Samariter gibt es Räuber und Opfer, Zuschauer und Helfer. Jesus hat die Geschichte weder für Räuber erzählt noch für die Opfer. Von dem

Überfallenen wird im Gleichnis nur ganz kurz berichtet, dann wendet sich der Blick den anderen zu, die vorübergehen, den Passanten. Jesus hat die Geschichte für die Leute vom Typ ‚Zuschauer' erzählt. An sie ist das Gleichnis adressiert, genau an jene, die nur hinschauen und zugucken, ganz genau sehen, was passiert, und dann nichts tun.
Und ich meine: Die bloßen Zuschauer sind nicht viel besser als die Räuber, auch wenn sie nichts getan haben – eben darum, weil sie nichts getan haben.

Nächster und Fernster

In ländlichen Gegenden gibt es auch heute noch eine Einrichtung, die uralt ist und trotzdem besser funktioniert als manche Errungenschaften unseres Wohlfahrtsstaates. Ich meine die Nachbarschaftshilfe. Sie wird nicht durch Paragraphen geregelt, sondern durch ungeschriebene Gesetze. Wenn in der Nachbarschaft Not am Mann ist, wenn Hilfe gebraucht wird, weil jemand gestorben ist, oder viele Hände gebraucht werden, weil jemand heiraten will oder ein Kind bekommen hat, dann weiß jeder genau, was er zu tun hat.
Wir Städter tun uns schwerer damit. Wir wissen oft nicht, wem wir helfen sollen. Wer ist mein Nächster? Jesus hat auf diese Frage das Gleichnis vom barmherzigen Samariter erzählt. Aber hilft mir das weiter? Leute, die an der Straße liegengeblieben sind, finden wir selten. Und Bettler und Obdachlose kommen auch nicht jeden Tag an unsere Tür. Wer ist mein Nächster? Vielleicht sollte ich einfacher fragen: Wer braucht mich? Wer bedarf meiner Zuwendung, meines Beistandes? Für wen sollte ich Partei ergreifen, seine Sache zu meiner Sache machen, mich mit ihm solidarisieren?

Wenn ich so frage, fällt mir manches ein. Ich denke an alle, die benachteiligt sind, an alle, die irgendwie unter die Räder unseres Fortschritts geraten sind: die sogenannten Gastarbeiter, die Sklaven unseres Wohlstandes, die Körperbehinderten, die Frührentner, die Unfallopfer. Ich denke an jene, die bei dem rasenden Tempo unseres Lebens nicht mehr mitkommen, an die körperlich und seelisch Kranken, die Vereinsamten, die Selbstmordgefärdeten, die Alten. Und ich muß auch an jene denken, die es bei uns schwer haben, die man links liegen läßt, weil sie ein einziges Mal mit den Regeln unserer Gesellschaft in Konflikt geraten sind, z. B. Strafgefangene, Kriegsdienstverweigerer, uneheliche Mütter. Dabei käme es gar nicht in erster Linie auf Aktionen an, sondern darauf, daß ich zuhören lerne, zu verstehen suche, daß ich für sie da bin und für sie auch bei den anderen eintrete, auch wenn es mir Nachteile und Verdächtigungen einbringt.
Anderseits genügt oft meine individuelle Hilfe nicht. Wenn ich wirklich etwas erreichen will, muß ich mir in vielen Fällen Bundesgenossen suchen, muß andere überzeugen, damit sie mithelfen, Mißstände zu beseitigen, muß die Öffentlichkeit alarmieren, wo Notstände totgeschwiegen werden oder die Betroffenen nicht mehr gehört werden. Wenn ich Samariter sein will, muß ich auch politisch handeln, das heißt: Partei ergreifen für alle, denen fundamentale Menschenrechte vorenthalten werden, die etwa durch bestimmte Zeitungen oder andere Formen moderner Lynchjustiz verurteilt werden, ehe ihre Schuld erwiesen ist. Ich müßte eigentlich sogar eintreten für alle, die ihrer Überzeugung wegen verfolgt werden – auch wenn ihre Überzeugung nicht meine Überzeugung ist, und das gibt es auch bei uns und nicht nur in Chile und in der CSSR.
Wer ist mein Nächster? Es kann mein Nachbar sein, mein buchstäblich Nächster, der mich braucht. Es kann aber auch

ein Fremder sein, der in akuter Not ist und den ich als erster bester zufällig treffe. Es könnte auch mein Fernster sein, vielleicht sogar mein Gegner, der Hilfe braucht. Der Samariter im Gleichnis war für die Juden ein Ketzer, ein religiös und politisch Geächteter, mit dem man nichts zu tun haben wollte. Und ausgerechnet er half einem Juden. Wenn ich Jesu Wort ernst nehme, darf es keinen geben, den ich in seiner Not allein lasse.
Sollte es wirklich möglich sein, daß ich keinen weiß, der mich braucht?

Veränderung

In jeder lebenden Sprache gibt es Wörter, die verbraucht sind. Sie werden kaum mehr benutzt, weil sie einen unangenehmen Beigeschmack bekommen haben oder weil ihr ursprünglicher Sinn nicht mehr verstanden wird. Man denke nur an das alte deutsche Wort ‚Barmherzigkeit'. Es klingt nach Haussammlung, Klingelbeutel, Wohltätigkeitsverein. Noch schlimmer: Barmherzigkeit klingt heute nach Herablassung: Reiche Leute, die zu Weihnachten Waisenkinder mit Geschenken beglücken. Barmherzigkeit mit den notleidenden Menschen in der Dritten Welt? Die Menschen in den Entwicklungsländern sehen hinter unseren Spenden oft genug die herablassende, erniedrigende Gebärde. Wir wollen Gerechtigkeit, nicht Barmherzigkeit, sagen sie. Die Systeme müssen geändert werden, die die einen immer reicher und die anderen immer ärmer machen.
Und so wird von kritischen Köpfen gefragt, ob man sich als Christ heute noch am Modell des barmherzigen Samariters orientieren könne. Hat nicht gerade diese Beispielgeschichte der Bibel dazu geführt, die Nächstenliebe nur im privaten, individuellen Bereich zu sehen und das Unrecht,

das im System unserer Gesellschaft steckt, zu vertuschen, ja zu stabilisieren? Was hat es denn für einen Sinn, dem unter die Räuber Gefallenen zu helfen, wenn er auf dem Rückweg von Jericho nach Jerusalem vielleicht noch ein zweitesmal ausgeplündert wird? Müßte man nicht das Übel an der Wurzel packen, die sozialen Strukturen verändern, damit es keine Räuberbanden mehr geben kann? Nächstenliebe fordert Umwandlung der Gesellschaft, soziale Revolution – so hört man heute allenthalben.

Ich glaube schon, daß vieles davon richtig ist. Ich bin auch überzeugt davon, daß christlich zu handeln von mir politische Konsequenzen fordert, viel stärker, als wir das früher gesehen haben. Aber trotzdem bleiben für mich Fragen offen, wenn Nächstenliebe und Barmherzigkeit nur noch politisch interpretiert werden dürfen, wie manche meinen. Was nützen die besten sozialen Verhältnisse, wenn Menschen sie nicht mit sozialer Gesinnung, mit Liebe erfüllen? Was nützen zum Beispiel die besten Resozialisierungsgesetze, wenn die Strafentlassenen von ihren Mitmenschen nicht angenommen werden?

Das Evangelium redet nicht von gesellschaftlichen Strukturen, sondern von Gott und vom Menschen. Gewiß spricht es vom kommenden Gottesreich und damit von der grundlegenden Veränderung aller Verhältnisse. Aber diese Veränderung gründet darin, daß der Mensch sich ändert, ein ‚neuer Mensch' wird. Alle Hoffnung auf eine menschlichere Welt muß Illusion bleiben, solange die Menschen die alten bleiben, sich selbst nicht ändern, sondern nur etwas verändern: die Zustände, die Gesellschaft oder die Strukturen.

Je größer unser Unbehagen über unsoziale Verhältnisse ist, desto radikaler müßten wir im eigenen Haus mit der Revolution der Nächstenliebe anfangen. Nicht in der herablassenden Gebärde des Reichen, der an die Armen Almosen verteilt. Das hat mit Barmherzigkeit herzlich wenig zu tun,

auch wenn das Wort leider heute so klingt. Der barmherzige Samariter war kein Kapitalist, der anderen von seinem Überfluß großmütig etwas abgab. Er war aber auch kein Marxist, der erst einmal begann, die Zustände zu ändern. Er war ein Realist, der das Nächstliegende tat, beim buchstäblich Nächst-Liegenden anfing. Barmherzigkeit bedeutet, daß mein Herz, mein Innerstes, berührt wird von der Not des anderen, daß ich nicht nur Mitleid empfinde, sondern mit ihm leide und etwas tue.
Wer so handelt wie der barmherzige Mann aus Samaria, und dazu hat Jesus uns ja ausdrücklich aufgefordert, der ändert viel in dieser Welt.

Gott im Bruder

Im alten Rom gab es einen merkwürdigen Schimpfnamen für die Christen. Man nannte sie Atheisten, gottlose Menschen. Wie man dazu kam? Sie hatten keine Götterbilder, auch keine Tempel, und sie lehnten es ausdrücklich ab, ihrem Gott Opfer darzubringen oder ihm zu Ehren öffentliche Kulthandlungen zu vollziehen. Damit waren sie nach allen Regeln der alten Religionen ‚Gottlose'.
Natürlich haben sie sich gegen diesen Vorwurf gewehrt. Sie haben gesagt: Wir suchen unseren Gott nicht auf dem Olymp oder in irgendwelchen heiligen Tempeln. Er ist uns überall nahe. „In ihm bewegen wir uns, leben wir und sind wir", so Paulus in Athen im Angesicht der griechischen Göttertempel (Apg 17,28). Und sie haben von Jesus gesprochen und davon, daß in diesem Menschen Jesus Gott erschienen sei. Aber auch ihren Jesus haben die römischen Christen nicht in heiligen Tempeln gesucht. Sie wußten, daß sich dieser Jesus mit den Menschen verbrüdert hat, mit allen Menschen, besonders mit denen, die in Not sind, un-

terdrückt oder ausgestoßen sind, ja, daß er sich so sehr mit ihnen gleichgestellt hat, daß sie nunmehr seine Stelle einnehmen: „Was ihr dem Geringsten meiner Brüder getan oder nicht getan habt, das habt ihr mir getan oder nicht getan" (Mt 25). Sie wußten, wenn wir Jesus suchen, dann brauchen wir nicht vor den Menschen wegzulaufen, im Gegenteil: Hast du deinen Bruder gesehen, hast du Christus gesehen. Wenn du an deinem Bruder vorbeigehst, gehst du an Christus vorbei.

Ich fürchte, diese urchristliche Überzeugung ist ein wenig in Vergessenheit geraten. Wie oft kann man heute hören: Hier wird Gott nicht mehr ernst genommen, hier wird rein menschlich gedacht, nur mehr von Solidarität und sozialem Engagement geredet, nur humanistisch und nicht christlich gehandelt. Hier wird zuwenig gebetet und zuviel Aktion gemacht. Gott lieben und die Menschen lieben, das scheint wieder zweierlei Liebe zu sein, die man gegeneinander aufrechnen oder gar ausspielen kann. Und man redet von der Horizontalen, der rein menschlichen Ebene, und von der Vertikalen, die unmittelbar, ohne den Umweg über die Menschen, zu Gott führe.

Man redet so, als sei die Menschwerdung Gottes, die radikale Menschwerdung Gottes, noch nicht geschehen. Aber seit Jesus kann ich nicht mehr Gott lieben, ohne die Menschen zu lieben, Gott verehren und die Menschen verachten oder gar, wie es leider oft geschehen ist und immer noch geschieht: Gott *gegen* die Menschen lieben, d. h. im Namen Gottes über die Leichen von Menschen gehen, buchstäblich oder auch nur bildlich. Den Menschen, den unter die Räuber gefallenen Mitmenschen, an der Straße liegenlassen, um meine religiöse Pflicht zu erfüllen, wie es im Gleichnis vom barmherzigen Samariter der Priester und der Levit taten – genau das darf und kann nicht im Namen Jesu Christi geschehen.

Aber genau das ist immer noch die Versuchung des religiösen Menschen: Wie der Priester und der Levit im Gleichnis in den Tempel gehen und dort Gott suchen und darüber den Mitmenschen, der am Weg liegt, übersehen. Gott lieben, das ist leicht, wenn ich daran denke, wie er ist. Aber die Menschen lieben, die oft so wenig liebenswert sind, das ist schwer. Doch genau hier entscheidet es sich, ob ich ein Christ bin oder ein frommer Heide.
Wer Gott nur im Tempel sucht, nur auf der vertikalen Direktleitung mit ihm verkehrt und die Menschen neben sich übersieht, der mag ein religiöser Mensch sein wie die gottesfürchtigen Heiden im alten Rom. Für den Christen gibt es keinen anderen Weg zu Gott als den Weg zu den Menschen, der kein Umweg ist – auch wenn das für die Frommen von damals und heute manchmal ein wenig ‚gottlos' erscheint.

Solidarität

Es gibt viele Leute, die mit der Bibel nichts zu tun haben wollen und dennoch ihre Worte im Mund führen: Bei Adam und Eva fängt man oft genug an, Hiobsbotschaften will niemand bekommen, noch weniger einen Judaslohn, ungläubiger Thomas will keiner sein, auch kein armer Lazarus; im Paradies oder in Abrahams Schoß ist man gut aufgehoben, weniger gut in Sodom und Gomorrha. Und der barmherzige Samariter ist fast schon eine sprichwörtliche Figur geworden. Diese biblische Geschichte ist sogar in Details in Redensarten eingegangen: jemand ist unter die Räuber gefallen, man hat jemanden halb tot geschlagen, und dann kam einer und hat Öl und Wein in seine Wunden gegossen. In unsere Sprache ist das Gleichnis offensichtlich eingegangen – aber auch in unser Handeln?

Ich fürchte, es ist immer noch so: einer fällt unter die Räuber, die anderen sehen ihn liegen und gehen vorbei. Die Geschichte von der Verleugnung des Bruders, die bei Kain anfing, der nicht Hüter seines Bruders sein wollte, diese Geschichte der Verleugnung der Brüder ist noch lange nicht zu Ende geschrieben. Und wir alle kommen in dieser Geschichte vor. Wir sind nicht zuständig für diesen ‚Fall', es ist irgendein Fremder, der uns nichts angeht, wir hatten Wichtigeres zu tun, und wir erkennen vor allem nicht, daß der andere unser Bruder ist, ein Mensch wie wir.

Natürlich helfen wir jemandem, der uns nahesteht, dem Freund, dem Verwandten, dem Kollegen. Wir helfen ihm, eben weil er Freund, Verwandter, Kollege ist. In diesem Bereich fällt es nicht schwer, sich mit der Not anderer zu identifizieren, zu fühlen, daß der andere unser Bruder ist – ein Mensch wie wir.

Aber wenn es ein Fremder ist oder einer, der uns durch sein Verhalten und seinen Lebensstil abstößt, jemand, der ein anderes Parteibuch oder Gebetbuch hat, dann sehen wir offenbar nur das Trennende zwischen uns: der andere ist nicht, wie ich bin. Es ist erstaunlich, wie sehr in einer Gesellschaft, die Gleichheit und Brüderlichkeit auf ihre Fahnen geschrieben hat, nach wie vor die soziale Rolle, das Einkommen, Herkunft und Bildungsstand, Partei- und Religionszugehörigkeit Trennmauern zwischen den Menschen aufrichten, die uns vergessen lassen, wie sehr auch der andere ein Mensch ist wie wir.

Überall wird von Solidarität geredet. Aber man solidarisiert sich immer nur mit denen, die irgendwie dieselben Interessen vertreten, die in ähnlicher Weise von bestimmten Ereignissen oder Entscheidungen betroffen sind. Die Solidarität bezieht sich immer nur auf bestimmte Gruppen und schließt damit zwangsläufig andere aus, mit denen man nicht solidarisch sein will. Wirkliche Solidarität ist

aber nur dort, wo ich erkenne: der andere, jeder andere, sogar mein Gegner, ist ein Mensch wie ich. Was uns auch immer trennen mag, es darf und kann nie so schwerwiegend sein, daß ich darüber den Bruder verleugne.
Mag auch das Gleichnis vom barmherzigen Samariter in unsere Sprache eingegangen sein, in unser Handeln noch lange nicht. Denn immer noch geschieht das, was im Gleichnis bloßgestellt wird: Ich war nicht zuständig, ich kannte ihn nicht, ich wußte nicht, was zu tun sei, und ich hatte keine Zeit – die Verleugnung des Bruders.
Worauf es wirklich ankommt? Jesus hat es uns in der Gerichtsrede unmißverständlich gesagt: Ich war hungrig, und ihr habt mich weiter hungern lassen. Ich war der Fremde, und ihr habt mich liegenlassen. Ich war der Gastarbeiter, der entlassene Strafgefangene, der Körperbehinderte, die uneheliche Mutter, der haltlose Jugendliche ... (Mt 25). Was ihr einem dieser meiner geringsten Brüder, eurer Brüder, nicht getan habt, das habt ihr auch mir nicht getan.

Auf der Suche nach Gott

Das große Fragezeichen

Im Jahr 1976 hat ein bekanntes amerikanisches Forschungsinstitut eine weltweite Erhebung über religiöse Fragen durchgeführt, bei der viele tausend Menschen in 75 Ländern interviewt wurden. Ausgenommen waren nur kommunistische und arabische Staaten sowie Militärdiktaturen, die keine öffentliche Befragung zulassen. Nach den Gesetzen der Demoskopie gibt diese Befragung zuverlässige Auskünfte über die Einstellung von etwa 2,6 Milliarden Menschen. Eine Frage lautete: „Glauben Sie an Gott?" Die Antworten dürften für viele überraschend sein: Mit ‚ja' antworteten in Westeuropa 78 %, im Fernen Osten 89, in den USA 94, in Afrika 95 und in Lateinamerika 96 %.
Sehr viele Menschen glauben also auch im letzten Viertel unseres aufgeklärten Jahrhunderts noch an Gott, in Westeuropa etwas weniger als in der übrigen Welt, aber immerhin mehr als drei Viertel. Auch wenn immer wieder behauptet wurde, es gebe ihn gar nicht, diesen sogenannten Gott, er sei nur eine menschliche Erfindung – glauben trotzdem viele Menschen an Gott, vermutlich sogar viel mehr, als Meinungsforschungsinstitute ermitteln können. Aber wenn man genauer fragen würde, an was oder an wen sie glauben, dann würde man über die Vielfalt der Antworten erstaunt sein. Für die einen ist er irgendein höheres Wesen, für andere die letzte Instanz, die einmal für wirkliche Gerechtigkeit sorgen wird. Für wieder andere ist er die Ord-

nung und Schönheit der Natur oder die geheimnisvolle Kraft, die alles zusammenhält, und dann gibt es Menschen, die meinen und sagen: Vater unser im Himmel.

Unzählige verschiedene Antworten auf die eine Frage: Wer ist das eigentlich – Gott? Aber so verschieden sie auch sind, jede Antwort ist ein Beweis dafür, daß sich Milliarden von Menschen mit dieser Frage beschäftigen. Und jede Antwort ist irgendwie ein Glaubensbekenntnis.

Viele Menschen glauben an Gott, Menschen aus den verschiedensten Völkern und Kulturen. Aber die Vielfalt und Gegensätzlichkeit ihrer Vorstellungen von Gott erscheint erschreckend. Wie kann Gott dies alles zugleich sein, was sich die vielen von ihm denken? Gewiß – aber hat diese Vielfalt der Vorstellungen nicht auch noch eine andere Seite?

Sogar Christen haben sehr verschiedene Gottesvorstellungen, und manchmal wundert man sich darüber, was dieser Gott der Christen alles sein soll. Aber dennoch: Ist das nicht *auch* ein Zeichen dafür, daß wir alle mit dieser Frage noch nicht fertig sind, daß wir ihn nicht festlegen und definieren können, daß wir ins Stottern geraten, wenn wir sagen sollen, wie und was er ist? Ich meine sogar, daß manche von denen, die auf die Frage ‚Glauben Sie an Gott?‘ mit ‚nein‘ antworten, mit dieser Frage noch nicht fertig sind, ganz sicher aber jene, die offen zugeben: Ich weiß es nicht, ich bin nicht sicher. Wer kann schon sicher sein bei dieser Frage, an der eigentlich alles hängt. Wenn es ihn gibt und weil es ihn gibt, können das Suchen und das Fragen und auch der Zweifel nicht aufhören, solange wir leben. Gott ist das große Fragezeichen über unserem Leben, über dem Leben von Milliarden von Menschen. Aber das Fragezeichen läßt uns nicht los, ob wir es wahrhaben wollen oder nicht. Was ist er für mich? Und was bedeutet mein Glaube an ihn für mein Leben?

Größer als alle Bilder

Ein älteres Ehepaar beklagt sich nach einer Predigt darüber, daß man heute nicht mehr wissen könne, was man eigentlich zu glauben habe. Die beiden waren im höchsten Maße beunruhigt, daß von Gott so vieles und immer wieder Neues gesagt werde und man zugleich behaupte, daß keine Aussage ganz zutreffe. Da stelle sich doch die Frage, wer denn dieser Gott wirklich sei.

Der Prediger versuchte diese Schwierigkeit, die heute vielen Menschen zu schaffen macht, dadurch auszuräumen, daß er eine alte Geschichte aus der Weisheit des Buddhismus erzählte: Drei Blinde begegnen zum erstenmal einem Elefanten. Der eine gerät tastend an dessen Rüssel und gewinnt die Überzeugung: Ein Elefant ist ein langer, weicher Schlauch. Der andere trifft auf die Seite des Elefanten und sagt: Der Elefant ist eine große und glatte, etwas rundliche Wand. Der dritte greift ein Bein und meint, der Elefant sei eine starke Säule. Alle drei Blinden begreifen vom Elefanten etwas anderes, und zwar etwas, was sich gegenseitig ausschließt, und doch begreifen alle drei aus ihrer Perspektive etwas durchaus Richtiges.

Die beiden nickten, als hätten sie die Parallele, die Gleichnisrede, verstanden. Doch dann meinte die Frau: „Aber wir sehen den ganzen Elefanten."

Viele Menschen, die von sich sagen, daß sie an Gott glauben, meinen, daß sie – im Bild gesprochen – den ganzen Elefanten sehen. Sie haben bestimmte Erfahrungen gemacht oder auch nur bestimmte Vorstellungen von anderen übernommen und meinen genau zu wissen, was und wer er sei. Es gibt einen Glauben an Gott, der sich so überzeugt als Wissen gibt, daß von der Unbegreifbarkeit Gottes nicht viel übrigbleibt. „Aber wir sehen den ganzen Elefanten."

Man kann Gott in Katechismussätzen, Dogmen und klassisch formulierten Glaubensbekenntnissen auf Eis legen, wohl konserviert – aber mit unserem Leben hat er dann nichts mehr zu tun. Man kann Gott sprachlich bewältigen und mit vielen Worten totreden. Aber es fragt sich, wen man dann bewältigt, begriffen, in den Griff bekommen hat. Sicher nicht den Gott, der alles Begreifen übersteigt.
Gott ist größer als alle Bilder und Vorstellungen, die wir von ihm haben. Darum gab es schon im alten Israel das Gebot: „Du sollst dir kein geschnitztes Bild machen." Du sollst nicht meinen, daß du alles von ihm weißt. Du bist bei ihm immer erst am Anfang. Du kommst bei ihm an kein Ende.
Wir alle sind Blinde, blind gegenüber dem, der alle unsere Vorstellungen sprengen muß, wenn er wirklich Gott ist und nicht nur ein hausgemachter Götze. Alles, was wir von ihm sagen können, ist Stückwerk, und vielleicht müssen wir es morgen schon wieder anders sagen, weil unsere Worte verbraucht sind und immer unzulänglich bleiben gegenüber ihm, den unsere Worte nicht fassen können.
An Gott glauben, das ist eine immer neue Herausforderung. Wer ihn wirklich sucht und nicht meint, er besäße ihn schon, muß mit Überraschungen rechnen. Wer aber schon alles von ihm zu wissen glaubt, weiß im Grunde nichts von ihm.

Zerrbilder

Es gibt kaum ein Wort, das so oft und so furchtbar mißbraucht worden ist und immer noch mißbraucht wird wie das Wort ‚Gott'. Menschen haben Menschen getötet im Namen Gottes. Völker sind gegen andere Völker in angeblich heilige Kriege gezogen mit dem Schlachtruf: ‚Gott will es.‘ Mörderische Waffen wurden noch in unserem Jahrhundert gesegnet mit dem Zeichen des Kreuzes. Menschen haben andere Menschen im Namen Gottes zum Schweigen gebracht, verstoßen, verbannt oder verbrannt, weil sie eine bestimmte Glaubensformel nicht annehmen wollten. Und noch immer kommt es vor, daß Menschen über andere Menschen den Stab brechen, weil sie eine andere Religion haben oder den Willen Gottes anders verstehen.

Wer von Gott redet, muß auch von dem Zerrbild Gottes, dem Fratzen-Gott, reden, den wir Menschen aus ihm gemacht haben. Wir dürfen nicht dort von Gott reden, wo es nicht um ihn, sondern, genauer besehen, um unsere eigenen Interessen geht, wo wir z. B. unseren Besitz, unser politisches System, unsere Kultur oder unsere Wirtschaft zu verteidigen suchen und uns dabei auf eine angeblich gottgesetzte Ordnung berufen.

Wir dürfen aber auch dort nicht von Gott reden, wo wir nach einem letztlich Verantwortlichen suchen, um selbst nicht verantwortlich zu sein. Und das geschieht überall dort, wo im Angesicht schrecklicher Ereignisse gefragt wird: Wie kann Gott das zulassen? Gott ist nicht der Sündenbock für das, was Menschen angerichtet haben. Nicht Gott hat Auschwitz, Hiroshima, Vietnam und Kambodscha zugelassen, sondern wir Menschen, zumindest ist es uns nicht gelungen, solche und andere Greueltaten zu verhindern, die Menschen Menschen zugefügt haben.

Du sollst dir kein geschnitztes Bild von Gott machen, das heißt auch: Gott ist überall dort *nicht*, wo wir ihn eingesetzt haben, weil wir ihn dort brauchen können. Wenn es einst hieß: ‚Wir, Wilhelm, von Gottes Gnaden Deutscher Kaiser und König von Preußen‘ – dann war das ein ebenso schlimmer Mißbrauch des Namens Gottes wie die Aufschrift ‚Gott mit uns‘ auf den Koppelschlössern der Solda-

ten, die im Ersten Weltkrieg auszogen, um das Vaterland zu ‚verteidigen'. So darf kein Mensch Gott für sich gegen andere in Anspruch nehmen. Wenn Gott Partei ist, dann sicher nicht auf der Seite der stärkeren Bataillone, wie man es uns früher gesagt hat, nicht auf der Seite der Erfolgreichen und Mächtigen und Großen, sondern immer auf der Seite der Hilflosen und Unterlegenen und kleinen Leute, derer, die in unserer grauenvollen menschlichen Geschichte die Leidtragenden sind und auf der Strecke bleiben.
Gewiß ist Gott überall, aber sicher werden wir ihm näher sein, wenn wir unsere abergläubischen Vorstellungen von Gott hinter uns lassen, wenn wir endlich den Versuch aufgeben, uns seiner gegen andere zu bemächtigen. Und sicher finden wir ihn eher dort, wo Menschen für andere Menschen da-sind und sich nicht im Namen Gottes über andere erheben.

Wie ein Vater

Wenn Kinder ihre scheinbar so naiven Fragen stellen, sind wir Erwachsenen oft genug hilflos und sprachlos. Vielleicht wissen wir deshalb manchmal keine richtigen Antworten, weil ihre Fragen auch unsere eigenen offenen Fragen sind: „Wer ist das eigentlich – Gott? Und wie ist er?"
Auf solche Fragen gibt es keine end-gültigen Antworten, die uns das Weiterfragen ersparen. Und wer in der Bibel nachschlägt, wird feststellen, daß auch Jesus an keiner Stelle eine exakte Definition darüber gegeben hat, was oder wer Gott ist. Aber Jesus hat immer wieder gezeigt, wie Gott handelt, um den Menschen nahe zu sein, und wie wir Menschen handeln sollen, um Gott nahe zu sein. Das sieht allerdings ganz anders aus, als wir Menschen uns Gott vorstellen und wie wir meinen, Gott finden zu können.

Wir sagen: Gott ist gerecht, er bestraft die Bösen und belohnt die Guten. Und wer sich von ihm lossagt, wer seine Ordnung nicht mehr anerkennen will, den trifft die verdiente Strafe. Und wer seine Lebensaufgabe nicht erfüllt, seine Möglichkeiten nicht wahrnimmt, die ihm gegeben wurden, der hat seine Chance verpaßt und muß die Folgen selbst tragen. Und wer undankbar ist, der darf nicht mit Gnade rechnen. Wer nicht hören will, muß fühlen – sagen wir, weil wir so handeln und darum wie selbstverständlich davon ausgehen, daß es bei Gott auch nicht anders sein kann.

Jesus aber erzählt die Geschichte von einem Mann, dessen Sohn ihm eines Tages den Gehorsam aufkündigt, sein Erbteil auf der Stelle verlangt und dann ohne ein Abschiedswort einfach verschwindet. Und als er dann nach langer Zeit abgerissen und völlig heruntergekommen wieder auftaucht, da kommt kein Wort des Vorwurfs über die Lippen des Vaters, keine Frage. Er läßt ein großes Fest feiern, weil er zurückgekommen ist. Er nimmt ihn wieder auf, weil er sein Sohn war und immer noch ist. Diese Geschichte, das Gleichnis vom barmherzigen Vater, ist eine Antwort Jesu auf die Frage, wie Gott ist.

Wo ein Vater seinem Sohn – trotz allem, was vorgefallen ist – vergibt und ihm einen unverdienten neuen Anfang ermöglicht, da kommt Gott zum Vorschein. Aber es braucht nicht einmal eine solche außergewöhnliche Situation zu sein. Was in dieser Bildrede beschrieben wird, kann jeden Tag geschehen:

Wo nicht immer wieder alte Rechnungen präsentiert werden, sondern unabhängig von Schuld oder Unschuld ein endgültiger Schlußstrich gezogen wird, wo Eltern aufhören, ihren heranwachsenden Söhnen und Töchtern vorzuhalten, was sie von ihnen erwarten, weil sie ja so viel investiert haben, wo Menschen bereit sind, ohne Vorlei-

stung, ohne Bedingungen und ohne Rechthaberei miteinander neu anzufangen, da erfahren sie Gottes Nähe.
Ich weiß nicht, warum wir ihn immer woanders suchen, irgendwo auf heiligen Bergen oder im fernen Weltenraum, wenn uns Jesus gesagt und vorgelebt hat, wo und wie er wirklich ist, wo wir ihn finden und verlieren können: mitten in unserem Leben.

Wo jeder etwas gilt

Es ist bei uns in bestimmten Kreisen schon zur Mode geworden, Leistung unanständig zu finden. Wo wird heute nicht überall über Leistungsdruck geklagt: in den Schulen vor allem, aber auch im Beruf, manchmal sogar in der Ehe. Das Wort von der Leistungsgesellschaft ist fast schon zu einem Schimpfwort für unsere Epoche geworden.
Ich glaube zwar, daß diese Kritik überzogen ist, aber sie trifft im Ansatz doch einen wunden Punkt. Wer den Wert eines Menschen nur danach beurteilt, was er leistet, wer also das Leistungsprinzip absolut setzt (und das gibt es sowohl in der sogenannten kapitalistischen als auch in der kommunistischen Gesellschaft!), der propagiert eine inhumane, eine unmenschliche Welt. Denn ein Mensch ist unendlich viel mehr wert als die Leistung, die er erbringt. Ich kann mir zwar nicht vorstellen, daß es ein vernünftiges Zusammenleben von Menschen oder gar eine Kultur und Zivilisation geben kann ohne Anstrengung, Fleiß und ein entsprechendes Pensum Leistung, das jeder nach seinen Kräften dafür einbringt. Aber trotzdem dürfte es nicht so sein, daß nur die erbrachte Leistung über den Wert oder Unwert eines Menschenlebens entscheidet, wie es doch weithin bei uns geschieht. Denn wo bleiben dann jene, die nichts mehr leisten können, weil sie etwa krank oder alt

geworden sind. Wo bleiben die vielen, die deshalb nichts an Leistung vorweisen können, weil wir ihnen keine Gelegenheit dazu bieten: Menschen, für die es keine Arbeitsplätze mehr gibt, Jugendliche, die zu Tausenden keine Lehrstellen finden.

Bleiben sie einfach auf der Strecke als unvermeidbare Opfer unserer Leistungsgesellschaft, denen der Sozialstaat zwar pflichtschuldigst Unterstützungen zahlt, das Minimum, was sie zum Leben brauchen – aber die ansonsten nicht mehr mitgezählt werden? Was gilt denn einer bei uns, in unseren Gemeinden, der nichts vorzuweisen hat?

Das ist nicht nur eine Frage nach unserer sozialen Gesinnung, sondern auch nach unserer religiösen Einstellung. Das ist eine Frage nach unserem Gottesglauben.

Wer sich als Christ an Jesus orientiert, dem müßte das deutlich werden. Er hat sich seine Freunde von der Straße geholt, würden wir heute sagen: Männer und Frauen ohne Ansehen, ohne Geld und Beziehungen – genau jene, die von den Etablierten links liegengelassen wurden: kleine Fischer, Tagelöhner, Leute mit sehr zweifelhaftem Ruf wie die Zöllner und Frauen, über die man allerlei zu erzählen wußte – Menschen, die keine Leistung vorweisen konnten, die sich selbst ziemlich nutzlos und überflüssig vorkommen mußten. Krüppel, Lahme, Ausgesetzte und Ausgestoßene, Leute, die auf den Plätzen umherstanden, weil ihnen niemand Arbeit gab – wo sie alle, die nach unseren Maßstäben letzte sind, plötzlich die ersten werden, da erfahren Menschen Gottes Nähe. Wo auch der unbedeutendste Mensch etwas gilt, der nichts vorzuweisen hat, da ist Gott – sagt Jesus, der Sohn Gottes.

Ob das nicht Konsequenzen haben müßte – nicht nur dafür, wie wir mit jenen Menschen umgehen, die in unserer leistungsorientierten Gesellschaft nichts oder nicht viel gelten, sondern auch dafür, wo wir Gott zu suchen haben?

Glücksuche - Gottsuche

Man hat gesagt, die ganze Geschichte der Menschheit habe nur ein einziges Thema: die Suche nach dem Glück. Was immer Menschen angestellt, was sie unternommen und erfunden, geplant und entdeckt, gebaut und zerstört, was sie erkämpft, erlitten und ausgehalten haben, das alles sei Beweis dafür, daß sie in abertausend Formen immer dasselbe gesucht haben: Geborgenheit, Liebe, Frieden, Leben – oder: das große Glück. Alle Menschen sind auf der Suche nach dem Glück.

Aber – so fragen manche – gibt es nicht höhere Dinge, nach denen Menschen streben und sich sehnen, als Geborgenheit, Liebe, Frieden, Leben? Gibt es nicht Beständigeres als das zerbrechliche Glück? Suchen die Menschen nicht noch mehr nach Unvergänglichkeit, nach einer besseren, heilen Welt, in der es keine Not und kein Leid mehr gibt und vor allem keinen Tod, suchen die Menschen nicht vielmehr nach Gott?

Wer auf Jesus schaut, wer die frohe Botschaft des Neuen Testaments versteht, wird auf diese Frage eine überraschende Antwort finden, eine Antwort, von der ich meine, daß wir sie allesamt noch nicht richtig aufgenommen haben. Wo der Hunger der Menschen durch Menschen gestillt wird, leiblicher Hunger nach Brot und existentieller Hunger nach Geborgenheit, Leben, Liebe und Glück, wo das geschieht – so sagt und zeigt Jesus –, da geraten Menschen in die Nähe Gottes. Die Scharen von Menschen, die Jesus gefolgt sind und denen er nicht nur Brot zu essen gab, haben das erfahren. Oder wenn man an das denkt, was hinter den Erzählungen von den Blindenheilungen deutlich wird: Wo Menschen, die die Orientierung verloren haben, die nicht wissen, wie und wohin es weitergehen soll, Menschen ohne Hoffnung und ohne Ziel, wo solche Menschen

anderen begegnen, die ihnen ein wenig die Augen zu öffnen verstehen, die Licht in ihr Leben bringen, Menschen, die ihnen Mut machen und Freude schenken, da ist Gott. Und wenn man an die Gerichtsrede des Mattäus-Evangeliums denkt, wird das noch deutlicher und konkreter: Wo Nackte bekleidet, Gefangene und Kranke besucht, Fremde als Freunde angenommen werden, wo keiner draußen bleiben muß, draußen vor der Tür, da erfahren Menschen Gott. Und das kann jeden Tag geschehen, ganz alltäglich, ohne daß jemand mystische Gotteserfahrungen macht oder erhebende Gefühle hat.
Menschen auf der Suche nach dem Glück – das sind im letzten immer – auch wenn viele es nicht wissen oder wahrhaben wollen – Menschen auf der Suche nach Gott. Und niemand brauchte ihn irgendwo in der Ferne zu suchen, weit weg von uns im grenzenlosen Universum. Gott ist mitten in unserem Leben, jenseitig zwar, das heißt größer als unser Leben und auf eine Weise, daß wir ihn nicht greifen, begreifen, beweisen, seiner habhaft werden und ein geschnitztes Bild von ihm machen können. Daß er aber hier ist, mitten unter uns, das sagt mir nicht meine Vernunft und schon gar nicht der Augenschein. Das verbürgt mir allein mein Glaube an Jesus, an dem deutlich wird, wie und wo Gott ist.

Belastungsproben - Grenzsituationen

Schuld

Was eine Freundschaft wert ist, zeigt sich erst, wenn sie auf die Probe gestellt wird. ‚Freunde in der Not gehen hundert auf ein Lot.' Erst der Härte-Test läßt die Qualität erkennen. Das gilt für den Freund, den Kollegen, den Ehepartner, für jeden von uns. Was sich hinter unverbindlichen Worten, freundlichen Gesichtern und leeren Konventionen verbirgt, das zeigt sich erst in der Belastungsprobe, in der Grenzsituation.

Ich dachte, es sei gut, einmal über solche Grenzsituationen nachzudenken, weil sie die Probe aufs Exempel sind und mir ein wenig von dem zeigen, wer und wie ich bin und was es heißt, ein Christ zu sein.

Gewiß sind solche Belastungsproben nicht gerade alltägliche Angelegenheiten, hoffentlich nicht. Aber sie kommen oft wie ein Blitz aus heiterem Himmel mitten in unseren Alltag hinein. Ich werde zum Beispiel plötzlich mit der Schuld eines anderen konfrontiert. Ich meine nicht irgendeine Bagatelle, über die man als vernünftiger Mensch zur Tagesordnung übergeht, sondern daß mir der andere etwas zugefügt hat, was weh tut: Er hat mich belogen (aus was für Gründen auch immer), er hat eine Sache nach oben weitergegeben, die er mit mir allein hätte klären können, er hat mich in einer Notsituation sitzen lassen, obwohl er mir hätte helfen können, er hat mich betrogen – vielleicht sogar mit Dingen, die schwerer wiegen als Geld.

Was soll ich tun? Mir das einfach bieten lassen? Bin ich es nicht meiner Selbstachtung schuldig, daß ich ihn zur Rede stelle und zurechtweise? Muß er nicht zu spüren bekommen, was er getan hat? Also auf die nächstbeste Gelegenheit warten, um es ihm entsprechend zurückzugeben? Dann wird er es mir wahrscheinlich abermals zurückgeben, und der Teufelskreis von Rache und Vergeltung wird sich immer weiter drehen.

Soll ich einfach vergessen, was geschehen ist? Ein Stück seiner und meiner Geschichte wie einen Schreibfehler einfach auslöschen? Natürlich kann ich so tun, als ob nichts geschehen wäre. Aber Verdrängen und Vergessen sind keine Lösung, weil mich die Spuren des Geschehens weiter verfolgen und Geschehenes nicht ungeschehen gemacht werden kann.

Als Christ weiß ich, daß ich vergeben soll. Aber was heißt das: vergeben? Es heißt nicht, daß ich das, was der andere getan hat, für ungeschehen erachte oder einfach vergesse. Vergeben heißt: das, was der andere getan hat, keinen Grund dafür sein lassen, ihn abzulehnen. Nicht ja sagen zu einer Schuld, sondern ja sagen zu einem Menschen mit seiner Schuld. Nicht von oben herab auf ihn schauen: an ihm ist doch nichts mehr zu ändern, sondern sich neben ihn stellen: wir beide müssen und können uns ändern. Vielleicht bin ich gezwungen, Konsequenzen zu ziehen aus dem, was geschehen ist. Aber auch das darf mich nicht daran hindern, ihm die Hand zu geben und ihm zu zeigen, daß seine Schuld nicht mehr zwischen uns steht, daß ich ihm vergeben habe, weil – ja weil ich weiß, daß mir selbst viel mehr vergeben worden ist, ja noch mehr: daß mir nur in dem Maß vergeben wird, wie ich selbst vergeben habe: „Vergib uns unsere Schuld, wie auch wir vergeben unseren Schuldnern . . ."

Ich weiß: Das ist eine der schwersten Belastungsproben,

die es gibt. Aber wir alle leben davon, daß uns vergeben wird. Und wir werden den Teufelskreis von Vergeltung und Rache, von Haß und Gewalt, der um uns herum und in uns selbst Schreckliches anrichtet, wir werden diesen Teufelskreis nur durchbrechen, wenn wir uns ändern, wenn wir vergeben und Zeichen der Vergebung annehmen.

Angst

Ein junger Mann ging aus Verzweiflung und Angst, mit seinem Leben nicht fertig zu werden, zu einem Psychiater und klagte ihm seine Not. Der Psychiater gab ihm unter anderem den Rat: „Gehen Sie in den Zirkus, der zur Zeit in unserer Stadt gastiert, dort tritt ein großartiger Clown auf, der Sie zum Lachen bringen und aufheitern wird." Der Patient erschrak und packte den Arm des Arztes: „Herr Doktor, dieser Clown bin ich!"

Wie vielen von uns geht es heute so: Nach außen müssen wir Sicherheit und Gelassenheit, Freude und Humor zeigen, andere trösten und aufheitern, nach innen aber plagen uns Angst, Unsicherheit und Zweifel. Ich meine nicht so sehr die Angst vor der Atombombe, mit der wir zu leben gelernt haben, auch nicht die Angst vor Unglück oder finanziellem Ruin, sondern eine, die tiefer sitzt: die Angst, daß aus meinem Leben nichts wird, daß es trotz aller selbstgesteckten Ziele, die wir erreichen, im Grunde doch sinnlos bleibt. Vielleicht packt uns diese Angst im Alltag nur in kleinen Raten: Hat es überhaupt Sinn, sich heute wieder mit denselben Menschen herumzuschlagen, den immer gleichen Ärger zu ertragen, die Mühe mit den Kindern auf sich zu nehmen? Wozu das alles? Nur wegen der wenigen Augenblicke, in denen man ein wenig glücklich ist? Sollte man nicht lieber gleich aufgeben? Und wenn man dann nichts

Produktives mehr leisten kann, sich überflüssig vorkommt, wenn man Abschied nehmen muß von Menschen, die man liebte und an denen man sich festhalten konnte, wenn die Krankheiten kommen, das Altwerden und Sterbenmüssen, dann wird sie immer erdrückender, die Angst vor der Vergeblichkeit. Und keiner kann mir die Angst nehmen, daß alles vielleicht doch umsonst war und daß ich am Ende ausgebrannt dastehe, nur der Clown war, der hinter seinem Lachen und unter seiner Schminke nur seine Angst und Traurigkeit versteckt hatte. Vielleicht war meine Maske auch die Arbeit, in die ich mich gestürzt habe, um die bohrenden Fragen zu vergessen, vielleicht auch eines von den vielen Hobbies, die überall angeboten werden, um Menschen abzulenken von der Leere, die sie in sich spüren, von der Angst, daß man sein Leben verfehlt hat und alles vergeblich war. Aber wenn die Masken fallen, wenn ich abtreten muß von der Bühne und der Vorhang fällt, was bleibt dann?

Ich kann mich von dieser Angst nicht selbst befreien. Ich kann zwar meinen Besitz festhalten, meine Wohnung abschließen und meine Wertsachen versichern. Ich kann mich auch gegen Krankheiten und Unglücksfälle versichern. Aber mein Leben kann ich nicht absichern gegen Sinnlosigkeit. Denn mein Leben ist nicht mein Besitz, über den ich verfügen kann. Es ist mir gegeben worden, es ist Geschenk und Aufgabe. Und darum kann ich auch nicht selbst den Sinn meines Lebens stiften. Mein Leben hat seinen Sinn empfangen von dem, der mich gewollt und geschaffen hat, von dem ich komme und zu dem ich zugleich unterwegs bin. Die Angst, ob mein Leben nicht letztlich doch sinnlos sein könnte, ob es am Ende gleichgültig war, ob ich gelebt habe oder nicht, diese Angst ist mir genommen von dem, der mich bei meinem Namen gerufen hat, wie es die Bibel sagt. Ob ich mein Leben auf mich selbst baue, mich nur auf meine

Sicherheiten verlasse und schließlich vor meinem Stückwerk doch kapitulieren muß, oder ob ich weiß, daß ich mir diese letzte Sorge nicht zu machen brauche, das ist die Probe darauf, ob ich wirklich glaube.
Ich hätte dem verzweifelten Clown das gesagt, was Johannes XXIII. gesagt hat und was ich nicht vergessen kann: „Wer glaubt, der zittert nicht."

Zweifel

Neulich fiel mir nach langer Zeit wieder der grüne Katechismus in die Hände, der vor knapp zwanzig Jahren als eine große Errungenschaft gefeiert wurde. Schon bei der ersten Frage blieb ich hängen: „Wozu sind wir auf Erden? Wir sind auf Erden, um Gott zu erkennen, ihn zu lieben und einst ewig bei ihm zu leben." Weiter kam ich nicht, denn es türmten sich Fragen über Fragen auf: Ich bin auf Erden, um Gott zu erkennen? Was kann ich denn von ihm erkennen, wo ich doch nichts von ihm sehe? Was weiß ich denn von ihm? Ich glaube an ihn, aber kann ich deshalb etwas von ihm wissen? Und wie kann ich ihn lieben, wenn ich ihn nicht erkenne? Und: Wer ist das eigentlich, Gott? Und wo ist er?
Sie werden fragen, wie ich als Theologe dazu komme, solche Fragen zu stellen. Aber wenn ich heute solche Texte lese, dann kommen diese Fragen. Und ich weiß, daß es vielen so geht. Da schleppt man in seinem Kopf noch so manche auswendig gelernten Antworten mit sich herum auf Fragen, die man gar nicht gestellt hat, sondern die einem gestellt wurden, und weiß damit heute nicht mehr viel anzufangen. Neue Fragen türmen sich auf, auf die man keine Antwort gelernt hat, bohrende Fragen, die an den Nerv des Glaubens gehen; Zweifel macht sich breit, überall, wohin man schaut: Was ist heute noch sicher? Wo gibt es zuverlässige

Antworten auf meine Fragen, die nicht einfach Wiederholungen alter Formeln sind?
Belastungsproben des Lebens – das sind sicher die vielen Glaubensschwierigkeiten und Zweifel, die sich vor jedem auftun, der anfängt nachzudenken oder den sein Leben plötzlich vor ganz neue Fragen stellt. Was soll ich tun? Früher wurde oft gesagt: nicht darüber nachdenken, sich verlassen auf die sichere Lehre der Kirche, die 2000 Jahre Zweifel und Auseinandersetzung überdauert hat. Aber sind damit *meine* Fragen beantwortet, hinter denen oft meine ganz persönlichen Probleme stehen? Ich kann nicht einfach aufhören nachzudenken, weiterzufragen – ohne aufzugeben, fragender und denkender Mensch zu sein. Und wenn mir solche bohrenden Fragen nicht selbst kommen, dann werden sie mir von den Kindern und den jungen Leuten gestellt, denen nichts mehr selbstverständlich ist.
Ich muß mich diesen Fragen stellen und nach Antworten suchen. Für viele wäre es schon eine große Hilfe, sich einmal darüber auszusprechen, zu hören, was andere dazu sagen, vielleicht auch ein Buch zu lesen, das neue Perspektiven eröffnet. Viele Zweifel und Glaubensschwierigkeiten kommen daher, daß ich mir vieles einfach nicht mehr vorstellen kann, was ich einst im Katechismus gelernt habe. Die kindlichen Bilder von einem Gott, der im Himmel über allem thront, passen nicht mehr in eine immer größer werdende Welt, in ein grenzenloses Universum, in dem es kein Unten und Oben mehr gibt.
Ich sollte mich daran erinnern, was als uraltes Gebot Israels auch schon im Katechismus stand: „Du sollst dir kein geschnitztes Bild machen." Ich muß die Bilder, die ich mir von Gott mache, immer wieder zerstören, weil Gott größer ist als alle Bilder. Ich darf mich nicht an meine Vorstellungen klammern, denn sie sind Stückwerk, Menschenwerk und letztlich Götzenbilder.

An Vorstellungen von Gott irre zu werden, heißt also noch lange nicht, an Gott selbst zu zweifeln. Und sogar wenn ich an Gott selbst zweifelte, wenn sich Fragen über Fragen auftürmten, die mich nicht zur Ruhe kommen lassen, muß das kein Beweis meines Unglaubens sein. Es könnte auch ein Zeichen dafür sein, daß ich glauben möchte. Glaube und Unglaube, Zweifel und Gewißheit liegen näher beieinander, als wir oft meinen. Zweifel zu haben ist kein Grund zur Verzweiflung. Ich erkenne mich oft in jenem Mann wieder, der in seiner Not zu Jesus kam und sagte: „Herr, ich glaube, aber hilf meinem Unglauben!" (Mk 9,24)

Vergeblichkeit

Wie oft hat man schon den neuen Tag mit einem guten Vorsatz angefangen. Wie oft schon nach einem sinnlosen Streit gesagt: Ich lasse mich nicht wieder provozieren. Und doch war es nach kurzer Zeit trotz aller Mühe wieder genauso wie beim letzten und vorletzten Mal; alles war vergeblich. Es gibt traurige Erfahrungen der Vergeblichkeit, die wir mit uns und anderen machen.
Aber meine persönlichen Erfahrungen sind nicht einmal die bittersten. Denn dabei lag es ja oft an mir selbst, daran, daß ich zu vergeßlich, zu unbeherrscht, zu egoistisch war. Wieviel tun Menschen vergeblich: Eltern für ihre Kinder, Lehrer für ihre Schüler, Arbeiter für ihre Kollegen; was alles unternehmen Menschen, um Zerstrittene an einen Tisch zu bringen, um Vorurteile oder Dummheiten zu bekämpfen, um Hunger und Armut aus der Welt zu schaffen, um den Frieden zu sichern, um Menschen zu retten – und immer wieder scheint es so, daß Gleichgültigkeit, Egoismus oder sogar Haß stärker sind als alles Bemühen. Da tritt einer für die Rechte der Zukurzgekommenen ein, ohne

Gewalt und ohne Waffen, nur auf die Kraft der Vernunft und der Solidarität vertrauend, und dann wird ausgerechnet dieser wehrlose Anführer einer machtlosen Minderheit ermordet. Bittere Erfahrungen der Vergeblichkeit. Ob ich an Martin Luther King, an die beiden Kennedys, an Dag Hammarskjöld, Mahatma Gandhi oder Dom Helder Câmara im großen oder an unzählige andere im kleinen denke, die Erfahrungen von Vergeblichkeit sind erschütternd. Und sie machen ja auch vor den Toren der Kirchen nicht halt, wenn ich an Johannes XXIII. denke und daran, was sich heute an enttäuschten Hoffnungen in den Kirchen ausbreitet. Aber hat es nicht schon bei Jesus so angefangen, daß alles vergeblich war? Was hat er denn damit erreicht, daß er die selbstgerechten Pharisäer angriff, die das Gesetz über den Menschen stellten? Hat er sich nicht umsonst auf die Seite der Ohnmächtigen und Armen gestellt, wenn heute unter Berufung auf ihn noch immer Machtpositionen und erstarrte Traditionen verteidigt werden und Menschen dabei auf der Strecke bleiben?

Wenn ich anfange nachzudenken, verläßt mich manchmal der Mut, und ich möchte aufgeben. Die Erfahrung der Vergeblichkeit ist eine ständige Zerreißprobe meines Lebens, eine fast unerträgliche Herausforderung meines Glaubens. Aber wenn ich wirklich glaube, an Gott glaube, dann muß ich doch vertrauen können auf einen Sinn trotz aller erfahrenen Vergeblichkeit, auch wenn ich ihn nicht sehen kann. Mein Glaube, meine Hoffnung, mein Vertrauen, das müßte im letzten nichts anderes sein als das große Trotzdem. Aber das ist wie der Sprung über den Abgrund – wie selten gelingt er mir. Und trotzdem muß ich immer neu anfangen und darf nicht resignieren und nicht aufgeben. Nicht deshalb, weil ich von Natur aus optimistisch bin oder mehr Stehvermögen hätte als andere, nicht, weil ich auf mich vertraue, sondern im letzten nur deshalb, weil ich gegen alle

menschliche Hoffnung darauf vertrauen will, daß Gott größer ist als unser vergebliches Tun.
Ich weiß, wie schwer es ist, so zu glauben. Vielleicht sollte ich öfter an Jesus denken, der sein Scheitern ausgehalten hat, seinen so sinnlos erscheinenden Tod, der im letzten doch nicht vergeblich war, weil er etwas in Bewegung gesetzt hat, was bis heute nicht zur Ruhe gekommen ist; oder an Martin Luther King und die vielen anderen, die durchgehalten haben trotz aller scheinbaren Vergeblichkeit; vielleicht an jenes vierzehnjährige jüdische Mädchen, das die Menschenjagden der Gestapo erlebt hatte und das Konzentrationslager vor sich sah, Anne Frank, die in ihr Tagebuch schrieb: „Ich glaube trotzdem an das Gute im Menschen."

Leid

Kaum eine Woche vergeht, ohne daß uns schlimme Nachrichten aufschrecken: Naturkatastrophen, Terrorakte, Gewaltverbrechen, Unfälle, Kindesmißhandlungen. Wir empfinden Ohnmacht und Ratlosigkeit, vielleicht auch Erleichterung, weil wir verschont blieben. Aber irgendwann trifft es auch uns oder Menschen, die uns nahestehen: Da ist der Vater, der an einer unheilbaren Krankheit leidet, der Freund, der lebenslänglich an den Rollstuhl gefesselt bleibt, vielleicht das eigene Kind, das furchtbare Schmerzen aushalten muß – und da ist die eigene Krankheit, das Altwerden und Sterbenmüssen. Es gibt wohl kaum etwas, was unser Leben mehr belasten kann und unseren Glauben mehr herausfordert als die Erfahrung von Leid.
Ich meine nicht so sehr jenes Leid, das auf menschlichem Versagen beruht. Hier hilft nur das eine: mit allen Mitteln daran arbeiten, daß seine Ursachen beseitigt werden. Aber wie ist es mit dem Leid, das kein Mensch verstehen und

niemand abstellen kann, jedenfalls jetzt und in absehbarer Zukunft nicht: von der unabwendbaren Naturkatastrophe bis zur unheilbaren Krankheit?

Früher hat man uns gesagt, man könne auch dieses Leid erklären, man müsse es als Prüfung annehmen, vielleicht sei es eine Strafe Gottes und Gott könne auch auf krummen Zeilen gerade schreiben. Gewiß wird er das können, wenn er Gott ist und kein Götze; aber ich gestehe trotzdem, daß ich angesichts des erschreckenden Ausmaßes von unverschuldetem und unerklärbarem Leid in der Welt mit solchen Erklärungen nichts mehr anfangen kann. Sind sie nicht oft nur ein billiger Trost, ein Vertrösten? Ich weiß keine Erklärung und keine Begründung dafür, daß Menschen leiden müssen.

Eines allerdings weiß ich: daß ich mitleiden muß. Nicht dadurch, daß mir die Leidenden leid tun. Wie unverbindlich ist es, im Fernsehsessel peinlich berührt zu sein über verhungernde Kinder in Afrika, über Opfer des Krieges in Vietnam oder Nahost. Mitleiden ist mehr als sentimentales Gefühl. Es fängt erst dort an, wo ich solidarisch handle, helfe, anpacke, mir etwas einfallen lasse und nicht darauf warte, daß andere etwas tun oder mir sagen, was ich tun könnte. Darüber nachzudenken ist wichtiger, als sich darüber den Kopf zu zerbrechen, wie Gott das alles zulassen kann. Solange ich selbst auch nur irgend etwas tun kann, um Leid zu lindern – und ich meine, damit wäre ich nie am Ende –, so lange sollte ich es aufgeben, nach irgendeinem geheimnisvollen Sinn zu suchen.

Ich muß es aushalten, daß es unerklärbares Leid gibt; nicht unerschütterlich aushalten und auch nicht gelassen, sondern unter Umständen voll Entsetzen. Es kann eine furchtbare Belastungsprobe sein, einen Menschen leiden zu sehen, ihm nicht helfen zu können und nicht zu wissen, warum das so sein muß. Gewiß sagen mir mein Glaube und meine Hoffnung, daß es nichts Sinnloses geben kann, weil es Gott gibt. Aber dennoch bleibt es für mich dunkel, denn ich habe trotz Glauben und Hoffnung keine Erklärung und kann keine haben, warum jener leiden muß und nicht ich – oder umgekehrt, und ich weiß nicht und kann nicht wissen, warum das noch immer kein Ende nimmt.

Ich muß die Unlösbarkeit der Frage nach dem Leid aushalten, wie jener sie aushielt, der unschuldig am Kreuz hing und von der Frage gequält wurde: warum? „Warum hast Du mich verlassen?" (Mt 27,46)

Eine Antwort auf die Frage nach dem Warum kann es nur jenseits von Golgata geben, und ich muß aushalten, daß es sie in diesem Leben nicht gibt. Die Bewährungsprobe meines Glaubens ist dort, wo ich den Mut haben muß, die unlösbaren Fragen dieser Welt in ihrer Härte auszuhalten, zu glauben und zu vertrauen, auch wenn ich keine Antwort weiß.

Tod

Zwei glückliche junge Leute beginnen ihren gemeinsamen Lebensweg. Voller Pläne und Hoffnungen steigen sie am Abend ihres Hochzeitstages in ihren Wagen, um für einige Tage zu verreisen. Nach kurzer Fahrt platzt ein Reifen, der Wagen kommt von der Straße und prallt gegen einen Baum. Der junge Mann ist auf der Stelle tot. Was bleibt? Was wird aus dieser Liebe?

So etwas geschieht jeden Tag und kann jedem von uns zustoßen, heute oder morgen, auf der Straße oder am Arbeitsplatz, plötzlich und unerwartet oder langsam und todsicher im Angesicht einer unheilbaren Krankheit. Was bleibt, wenn das geschieht? Es ist die einzige Frage dieser Welt, auf die einem jede Antwort im Halse steckenbleibt.

Am Sarg des jungen Mannes und am Blick der unverletzt danebenstehenden jungen Frau sind alle Theorien zu Ende, prallen alle frommen ‚Erklärungen' ab. Es gibt keine Erklärung für das, was geschehen ist.
Der Tod eines geliebten Menschen ist die schwerste Belastungsprobe meines Lebens. Und mein eigener Tod, den ich näher oder ferner vor mir sehe und dem ich nicht ausweichen kann, ist es nicht weniger. Der Tod ist die letzte und entscheidende Herausforderung meines Glaubens. Was bleibt . . .?
Bleibt etwa eine unsterbliche Seele, die den Tod des Leibes überdauert? So haben die griechischen Philosophen das Sterben zu erklären und zu rechtfertigen gesucht. Aber wir wissen heute, daß diese Zweiteilung des Menschen in Leib und Seele nicht haltbar ist, daß der Mensch ein unteilbares Ganzes und der Tod etwas Endgültiges ist, das den ganzen Menschen trifft.
Was bleibt? Das, was ich aufgebaut, anderen mitgegeben, für andere getan habe, vielleicht eine gewisse Zeit. In den Geschichtsbüchern wird nichts davon bleiben, und selbst das, was dort steht, steht auf vergänglichem Papier.
Nichts von dem bleibt, was ich jetzt noch festhalten möchte, auch nichts Faßbares von dem geliebten Menschen, an dem ich mich jetzt noch festhalten kann. Aber ich weiß, daß es so sein wird; und ich weiß, daß ich dann mit meiner Weisheit am Ende bin. Eine Antwort kann mir nur mein Glaube geben.
Wenn ich an Gott glaube, nicht an ein dumpfes Schicksal oder an irgendein höheres Wesen, sondern an den lebendigen Gott, der mich gewollt und bei meinem Namen gerufen hat, wie die Bibel es sagt, dann weiß ich in diesem Glauben, daß der Tod dieses Ja Gottes zu mir nicht aufheben, die liebende Zuwendung Gottes zum Menschen nicht beenden kann. Gott ist ein Gott der Lebenden und kein Gott der

Toten. Wer an ihn glaubt, wird leben, „auch wenn er gestorben ist“, sagt Jesus. Ich weiß zwar nicht, wie auch immer das geschehen mag, aber mein Glaube sagt mir, daß der Tod nicht das letzte Wort über das Leben des Menschen ist. Denn in jenem Jesus, der wirklich und leibhaftig gestorben ist, unseren Tod und den Tod unserer geliebten Menschen gestorben ist, in diesem Jesus, der lebt, obwohl er gestorben ist, hat Gott das bereits Wirklichkeit werden lassen, was allen Menschen zuteil werden soll.

Ist das ein Trost für den, der den geliebten Menschen verloren hat – im Angesicht des Todes, der alles zerstört, was sich Menschen aus Liebe schenken können: Nähe, Geborgenheit, Glück?

Wenn es wirklich Liebe war, Ja-sagen, für den anderen dasein, Hingabe, dann war es etwas von der Liebe, die mich über den Tod hinaus hält und die der Tod nicht zerstören kann, denn „Gott ist die Liebe“. Wenn ich glaube und liebe, dann habe ich auch in dieser letzten Belastungsprobe meines Lebens die Gewißheit, von der Paulus gesagt hat: „Die Liebe hört niemals auf“ (1 Kor 13,8).

Was uns leben läßt

Das Heute nutzen

Das Ergebnis einer psychologischen Untersuchung hat mich stutzig gemacht. Über tausend Leute im Alter von 65 bis 70 Jahren wurden befragt, welchen Abschnitt ihres Lebens sie als den glücklichsten ansähen. Die fast einhellige Antwort hieß: die Jahre zwischen 25 und 45. Als die Psychologen daraufhin dieses Ergebnis 25–45jährigen vorlegten, reagierten diese erstaunt und verblüfft. Keiner wollte die Meinung der Älteren bestätigen, daß sein gegenwärtiges Lebensalter besonders glücklich sei. Einige sagten: „Damals, als wir noch jung und unbeschwert waren, da waren wir glücklich. Aber jetzt, wo es nur Hetze und Arbeit gibt und Ärger mit den Kindern, da sollen die glücklichsten Jahre sein?" Andere aus der Gruppe der 25–45jährigen meinten: „In zehn Jahren vielleicht haben wir's geschafft. Dann sind wir oben, können endlich den Rahm abschöpfen und das Leben genießen."

Ich weiß nicht, wie repräsentativ diese Untersuchung ist. Aber das eine gibt doch zu denken: Glück ist offenbar für viele von uns das, was einmal war und was demnächst vielleicht einmal sein wird – und gerade nicht das, was jetzt ist. Natürlich leben wir von der Erinnerung, von dem, was uns einmal glücklich und zufrieden gemacht hat – auch wenn wir dabei erfahrungsgemäß die Vergangenheit aus der Rückerinnerung vergolden. Und natürlich leben wir von der Hoffnung und können gar nicht ohne sie leben.

Wer das Morgen nicht sieht, kann das Heute kaum ertragen. Aber ob wir über allzuviel Trauer über das Vergangene und allzugroßer Erwartung des vielleicht noch Kommenden nicht manchmal blind werden für das Heute?
Wir lassen uns erdrücken von der Last des neuen Tages und merken nicht, daß er auch Freude bringen kann. Ich denke etwa an das gerüttelte Pensum Arbeit, das heute auf mich zukommt. Aber wäre es nicht schade, wenn ich erst als Arbeitsloser oder Rentner merke, daß Arbeit auch Erfüllung bedeutet? Oder ich denke an die Menschen, denen ich heute begegne und die mich beanspruchen, die mir vielleicht auf die Nerven gehen. Aber ich werde gebraucht. Es muß jemanden geben, bei dem man auspacken kann, einen, der zuhört, auch wenn der andere keine Neuigkeiten auf Lager hat, und der dann nicht sagt: Das haben Sie mir doch schon zweimal erzählt. Und hier könnte ich heute ein freundliches Wort sagen, mich nach der Familie erkundigen oder nach dem Sorgenkind. Und dort könnte ich endlich den lange aufgeschobenen Besuch machen – und vielleicht weiß dann heute abend einer mehr, daß er nicht abgeschrieben ist. Wenn ich die Chancen eines neuen Tages erkenne, mir etwas einfallen lasse, dann wird mir klar: Ich werde gebraucht, jeder wird gebraucht, keiner ist überflüssig, mein Leben – kein Leben kann sinnlos sein, auch nicht mit 65 oder 70 Jahren. Jeder Tag bringt neue Situationen, neue Aufgaben – neue Chancen, am Glück der anderen mitzuwirken und damit auch an meinem eigenen. Es wäre schade, wenn erst 10 oder 20 Jahre vergehen müßten, bis wir aus der verklärten Rückerinnerung erkennen, was unser Leben hier und heute glücklich gemacht hat. Und es wäre bedrückend, sich vielleicht dann eingestehen zu müssen, welche Chancen man vertan hat.

Das Gute erkennen

Wer einmal etwas davon gehört hat, weiß, daß man von einem Eisberg nur die Spitze sieht, die nur etwa ein Zehntel seiner Größe ausmacht. Und weil ein Eisberg für jedes Schiff, das in seine Nähe kommt, eine Bedrohung ist, gebraucht man ihn als Bild meistens dann, wenn man andeuten will, wie gefährlich bestimmte Dinge sind, die auf einen zukommen, die Inflation etwa oder die Kriminalität. Man sieht nur die Spitze des Eisbergs, viel mehr Schreckenerregendes verbirgt sich darunter.

Man sieht nur die Spitze des Eisbergs, neun Zehntel von ihm sieht man nicht. Aber dieses Bild kommt mir auch in den Sinn, wenn ich an das Gute in unserer Welt denke und mich frage, warum man so wenig davon sieht, warum es anscheinend so ohnmächtig ist.

Ich meine, daß es auch mit dem Guten so ist wie mit einem Eisberg: Das allermeiste geschieht im Verborgenen, macht nicht von sich reden, bläht sich nicht auf und kommt nicht in die Schlagzeilen unserer Zeitungen. Es geschieht überall, aber so unsichtbar und unscheinbar, wie eben nur das Gute sein kann. Es macht keinen Lärm. Es fällt nicht auf, und es will nicht auffallen. Es will nicht gesehen werden und sucht keine Beachtung durch andere: die Treue im kleinen, die selbstverständliche Pflichterfüllung, der wortlose Verzicht, das stille Zuhören, das freundliche Wort und die spontane Tat der Hilfe – wer spricht schon davon? Wer nimmt es überhaupt wahr, daß jeden Tag eine ganze Armee von Menschen nichts anderes tut als Fürsorge an Menschen zu leisten im weitesten Sinne des Wortes – in unzähligen Häusern, in denen geheilt, gepflegt, beschützt und geholfen wird. Und das geschieht nicht nur dort, wo Menschen darin ihren Beruf sehen und auch dafür bezahlt werden, sondern an zahllosen Stellen von freiwilligen Helfern und Mitarbeitern der Inneren Mission, der Caritas, der Arbeiterwohlfahrt, der Unesco, der Amnesty International. Und das Gute geschieht nicht zuletzt auch außerhalb aller organisierten Fürsorge jeden Tag in Tausenden von Familien, Nachbarschaften, Arbeitsplätzen.

Was man davon sieht, ist nur die Spitze des Eisbergs. Neun Zehntel und mehr bleiben im Verborgenen, und es will und soll auch dort bleiben, denn es gehört zum Wesen des Guten, daß es nicht die Anerkennung und den Beifall sucht.

Aber wenn ich mich frage, was mich leben läßt, was mir die Kraft gibt, nicht aufzugeben, auch wenn das Böse anscheinend übermächtig ist, wenn Rücksichtslosigkeit, Berechnung, Haß und Terror das Gesicht unserer Welt bestimmen und vieles so hoffnungslos erscheint, dann will ich daran denken, daß es auch mit dem Guten in dieser Welt wie mit dem Eisberg ist: Das Wenige, das ich sehe, erinnert mich daran, wieviel mehr unter der Oberfläche, im Verborgenen geschieht. Unsere Welt ist nicht von Gott verlassen, auch wenn es oft so aussieht. Denn wo die Liebe ist, da ist Gott, auch wenn ich ihn nicht sehe. Und ich weiß, daß mein Leben lebenswert ist und nicht ohne Hoffnung sein kann, wenn auch ich heute versuche, im stillen das zu tun, was getan werden muß, weil Menschen Menschen brauchen.

Nicht aufhören zu lernen

Auch wer unsere Leistungsgesellschaft nicht für die beste aller Welten hält, muß zugeben: Nur wer etwas gelernt hat, kommt weiter. Und darum fängt man möglichst früh damit an: Kindergarten, Vorschulklasse, 9 oder 10 Schuljahre oder gar 13, Lehre oder Studium. Bis jemand ausgelernt hat, wie man das nennt, hat er meistens das heiratsfähige Alter erreicht. Aber was heißt ‚ausgelernt' haben?

Kein Handwerker, Facharbeiter oder Landwirt kann sich heute mehr mit dem begnügen, was er in seiner Ausbildung mitbekommen hat. Und in technischen, natur- und geisteswissenschaftlichen Berufen ist das noch viel weniger möglich. Die Wissenschaft macht Fortschritte in atemberaubendem Tempo. Wer sich nicht weiterbildet, bleibt zurück und kann seinen erlernten Beruf bald nicht mehr so ausüben, wie es die Sache erfordert. Wer als Facharzt nicht weiterlernt, wird auf die Dauer das Vertrauen seiner Patienten nicht mehr rechtfertigen können. Und wer als Theologe schon alles zu wissen glaubt und nicht weiterstudiert, wird bald keinen soliden Religionsunterricht und keine ansprechende Predigt mehr halten. Je kritischer unsere Hörer werden (und es ist gut, daß sie es werden!), um so schneller werden sie merken, ob einer, der ihnen von Amts wegen etwas zu sagen hat, wirklich noch etwas zu sagen hat.
Aber es geht nicht nur um das Fachwissen, in dem wir nie ausgelernt haben. Es gibt auch im Zeitalter der Computer noch so etwas wie eine ‚Schule des Lebens', in der es kein Abschlußdiplom gibt. Wir lernen nicht aus, uns selbst kennenzulernen, wie wir uns etwa in bestimmten Situationen verhalten, wie wir mit einer Sache fertig werden oder nicht, wo wir anstoßen oder wie wir helfen können. Selbsterkenntnis ist die Summe der Weisheit, so meinten es schon die alten Griechen. Wer ich bin und wer ich sein könnte – darin habe ich nie ausgelernt.
Und noch weniger sollte ich ausgelernt haben im Zusammenleben mit meinen Mitmenschen, mit denen ich nie ‚fertig' sein darf – nicht mit den Menschen, die ich liebe, und auch nicht mit denen, die mir zu schaffen machen. Ich darf mir kein geschnitztes Bild machen, weder von Gott, noch von seinem Ebenbild, dem Menschen, denn wenn ich ein Bild, eine feste Vorstellung, vom anderen habe, dann glaube ich zu wissen, wer und wie und was der andere ist.

Ich bin nicht mehr bereit zu lernen – oder ich habe aufgehört zu lieben, das ist dasselbe.
Alt ist nicht, wer eine Anzahl von Jahren hinter sich hat. Alt ist eigentlich nur, wer mit allem fertig ist, wer nicht mehr bereit ist zu lernen, wer nicht mehr vorwärts, sondern nur noch rückwärts schaut und sich nur festklammert am Vergangenen.
Es ist das Vorrecht der Jugend, vieles, alles lernen zu dürfen. Und es ist der Vorzug der Älteren zu wissen, daß wir nicht fertig werden mit dem Lernen, daß wir immer noch unterwegs sind und daß der Weg bis zu unserem Ziel noch weit ist. Wer also weiß, daß er noch nicht fertig ist, der weiß auch, daß es sich deshalb lohnt zu leben.

Anteil-nehmen

Es gibt ein Wort, das heute sehr oft gebraucht wird: Überall wird *teilgenommen:* an einer Besprechung, einem Kongreß, einer Fahrt, einem Essen, einer Besichtigung. Es gibt Verkehrsteilnehmer und Gesprächsteilnehmer, und es gibt bei Trauerfällen meistens reichlich viel Leute, die anderen ihre ‚herzliche Teilnahme' sagen oder schreiben.
Mir scheint, daß sich hinter diesen vielen Variationen von Teilnahme und Teilnehmen ein elementares Bedürfnis widerspiegelt, das sich heutzutage offensichtlich deutlicher bemerkbar macht als früher. Ich meine unser Verlangen, aus der Isolation und Vereinsamung herauszukommen, mit anderen in Kontakt zu treten, mit den anderen zu leben.
Ein elementares Bedürfnis – denn Menschsein entsteht erst im Mitsein. Wir haben z. B. nur dadurch sprechen gelernt, daß jemand mit uns gesprochen hat. Erst als wir Du sagen konnten, konnten wir Ich sagen. Menschlich leben können wir nur, indem wir mit anderen leben. Wenn man uns

annimmt, Ja zu uns sagt, wenn wir Liebe erfahren, ist die Welt hell und unser Leben sinnvoll. Wenn man uns ablehnt, wenn wir Mißtrauen und Abwertung erfahren, werden wir mutlos und hoffnungslos, erscheint alles sinnlos. Wir können gar nicht leben ohne die anderen. Vereinzelung und Vereinsamung machen lebensunfähig, führen zur Verzweiflung. Verzweiflung – das ist das überwältigende Gefühl, ausgesetzt, ausgestoßen, abgeschnitten zu sein, nicht mehr teilzuhaben am Leben der anderen. Und umgekehrt: Hoffnung, die Kraft zum Weitermachen, sie hängt immer an der Erfahrung von Gemeinsamkeit.

Was uns leben läßt? Daß wir uns nicht in unser Schneckenhaus verkriechen, nicht auf unsere eigenen Sorgen fixiert sind, sondern teilnehmen am Leben der anderen. Was geht im anderen vor? Was beschäftigt, bewegt ihn? Ich müßte zeigen, daß das alles auch mich betrifft, daß ich Interesse habe. Das lateinische Wort ‚inter-esse' sagt sehr genau, was damit gemeint ist. Es heißt ganz einfach ‚dabeisein'. Wir sind bei dem anderen, indem wir ihn bewußt anschauen, seine Gedanken, seine Stimmung, seine Sorgen zu erfühlen suchen. Wir sind bei dem anderen, wenn wir zuhören, nicht nur, weil es sich so gehört, sondern weil uns der andere interessiert, weil wir bei ihm sein möchten. „Wie geht es Ihnen?" „Wie geht es dir?" Solche Fragen können leere Formeln sein, aber auch unendlich viel mehr, Ausdruck von Anteilnahme an dem, was den anderen bewegt. Aber ich muß auch die anderen teilnehmen lassen an dem, was mich bewegt. Ich kann nur Teilnahme empfangen, wenn ich mich öffne, den anderen mit mir sein lasse, ihm etwas mitteile von mir – und seien es auch nur meine Sorgen. Davon lebt jede Form von Gemeinschaft, jedes Arbeitsteam, jede Gruppe, jede Freundschaft, jede Ehe. Gemeinsamkeit weckt Hoffnung; Vereinzelung und Vereinsamung führen zu Resignation und Hoffnungslosigkeit.

Wir leben davon, daß wir teilnehmen, anteilnehmen an dem, was die anderen bewegt. Und wir leben davon, daß wir andere teilnehmen lassen. Menschsein heißt Mitsein. Wir werden Menschen in dem Maß, wie wir mit den anderen sind.

Trotz allem glauben

An einem Ort, an dem niemand es vermuten würde, zu einem Zeitpunkt, an dem alles andere nahegelegen hätte, nur dies nicht, wurden von einem jungen Mann drei Sätze niedergeschrieben, die einem auch heute noch die Sprache verschlagen. Der Ort: die Mauer des Warschauer Ghettos, in dem auf vier Quadratkilometern eine halbe Million Juden eingepfercht waren. Der Zeitpunkt: Winter 1941, Beginn der Verschleppung der Juden in die Vernichtungslager. Die drei Sätze, an die Mauer geschrieben, lauten:

„Ich glaube an die Sonne, auch wenn sie nicht scheint.
Ich glaube an die Liebe, auch wenn ich sie nicht spüre.
Ich glaube an Gott, auch wenn ich ihn nicht sehe."

Drei Sätze, an diesem Ort des Schreckens niedergeschrieben, die bekennen, daß nicht nur das existiert und wirklich ist, was wir sehen, hören, greifen und deshalb be-greifen können – daß es vielmehr über das Greifbare und Begreifbare hinaus noch eine andere Wirklichkeit gibt, die zwar niemand beweisen und einem anderen auf den Tisch legen kann, die aber doch für viele Menschen eine Wirklichkeit ist, die ihnen mindestens so sicher und zuverlässig erscheint wie die greifbare materielle Welt um uns. Gewiß wird niemand solche Sätze aus Überzeugung sagen können, wenn er nicht irgendwann wirklich und konkret Liebe erfahren hat und wenn er nicht irgendwann selbst oder durch das Zeugnis anderer etwas davon gespürt hat, daß dieser Gott nicht eine menschliche Erfindung ist, mit der sich die Menschen zu trösten suchen, sondern der tragende Grund, der letzte Sinn von allem, was ist. Aber vielleicht bedarf es einer solchen Grenzsituation, wie jener junge Mann sie erlebte, damit deutlicher wird, was denn von allem bleibt, was trägt und Bestand hat, wenn alles andere zusammenbricht, woran wir uns sonst festgehalten haben.

Solche Fragen sind unbequem und beunruhigend. Wir lassen sie oft gar nicht hochkommen. Wir verdrängen sie. Oder aber wir fragen nicht radikal genug über alle vordergründigen und alltäglichen Bedürfnisse, Wünsche und Antworten hinweg nach dem letzten Sinn aller Dinge. Wir geben uns allzu gern und allzu leicht mit Augenblickslösungen und Teilantworten zufrieden, mit dem, was jetzt nützlich ist, was uns heute Befriedigung, Wohlstand und Sicherheit gibt.

Aber wenn ich in kritischen Situationen meines Lebens weiter frage, was mich leben läßt – über den Tag, über die Stunden der Angst, der Enttäuschung, der Erfolglosigkeit und Einsamkeit hinaus, über Krankheit und selbst über die sichere Erwartung meines Todes und des Todes der Menschen, die ich liebe und an denen ich mich festhalten kann, was mich über all das hinaus leben läßt, weiter-leben läßt, dann weiß ich im letzten keine andere Antwort, die mich trägt und hält, als jene, die auf der Mauer des Warschauer Ghettos stand: Ich glaube an die Liebe, auch wenn ich sie nicht spüre, weil niemand sie zerstören kann und weil sie selbst den Tod überdauert. Ich glaube an Gott, auch wenn ich ihn nicht sehe, weil ich von ihm komme und zu ihm unterwegs bin.

Natürlich weiß ich, daß dieser Glaube und diese Hoffnung kein Besitz sein können, keine Sache, die ich habe und vorweisen kann, sondern daß dieser Glaube immer wie ein Sprung über den Abgrund ist, Ungewißheit und

Wagnis. Nur wenn ich bereit bin zu springen, kann ich erfahren, daß es einen gibt, der mich hält.

Die Hoffnung leben

In einem der schönsten Bücher, die ich kenne, im ‚Kleinen Prinzen' von Saint Exupery, steht diese Geschichte:
„Guten Tag", sagte der kleine Prinz. „Guten Tag", sagte der Weichensteller. „Was machst du da?" fragte der kleine Prinz. „Ich schicke die Züge, mit denen die Reisenden fahren, bald nach rechts, bald nach links." Und ein lichterfunkelnder Schnellzug, grollend wie ein Donner, ließ das Weichenhäuschen erzittern. „Sie haben es sehr eilig", sagte der kleine Prinz. „Wohin wollen sie?" „Der Mann von der Lokomotive weiß es selbst nicht", sagte der Weichensteller. Und ein zweiter blitzender Schnellzug donnerte vorbei, in entgegengesetzter Richtung. „Sie kommen schon zurück?" fragte der kleine Prinz. „Das sind nicht die gleichen", sagte der Weichensteller. „Das wechselt." „Waren sie nicht zufrieden dort, wo sie waren?" „Man ist nie zufrieden dort, wo man ist", sagte der Weichensteller. Und es rollte der Donner eines dritten funkelnden Schnellzuges vorbei. „Verfolgen diese die ersten Reisenden?" fragte der kleine Prinz. „Sie verfolgen gar nichts", sagte der Weichensteller. „Sie schlafen da drinnen, oder sie gähnen auch ..."
Ich meine, in dieser kleinen Geschichte ist hinter den Zeilen von uns die Rede, von denen, die dort nie zufrieden sind, wo sie sind, die immer weiter wollen, besser leben möchten, höher hinaus wollen, die immer wieder Züge besteigen, weil sie sich nicht abfinden können mit dem, was jetzt ist: nicht nur die Kinder, die in ihren Wachträumen Luftschlösser bauen, auch wir erwachsenen Träumer, die immer wieder neue Pläne schmieden, eine bessere Zukunft entwerfen, den

Traum von einem Paradies nicht aufgeben können und deshalb ständig neue Züge besteigen. „Man ist nie zufrieden dort, wo man ist." Aber das ist es doch, was uns leben läßt, daß wir über das Heute hinauswollen und Hoffnung haben – Hoffnung, daß es einmal anders wird.
Anderseits trifft uns aber auch das Ende der Geschichte, denn wenn wir sagen sollten, wohin wir denn genau wollen, wofür wir leben, was wir verfolgen, was unsere Hoffnung ist, dann scheint sich alles aufzulösen im Nebel oder in der Sinnlosigkeit. „Sie verfolgen gar nichts ... Sie schlafen, oder sie gähnen auch."
Vielleicht liegt es daran, daß schon zu viele Hoffnungen enttäuscht wurden, daß wir zu oft gescheitert sind mit unseren Plänen und darum müde geworden sind und uns treiben, fahren lassen.
Aber die Zukunft gibt es, und wir sind dorthin unterwegs, haben unsere Züge bestiegen, haben Entscheidungen gefällt, die unsere Zukunft bestimmen. Ob wir nicht bewußter heute die Augen aufmachen sollten, aufhören zu schlafen und zu gähnen, uns nicht vom Einerlei des Tages treiben lassen oder der Langeweile hingeben, sondern die Chancen dieses Tages wahrnehmen und beispielsweise etwas Konkretes für andere tun? Denn heute ist Zukunft, ein neuer Tag, und morgen ist Zukunft, und jede Tagesreise bringt uns dem Ziel näher, ist schon ein Stück Zukunft. Die Zukunft hat schon begonnen.
Das Reich Gottes – die absolute, endgültige Zukunft, unser Ziel – es ist nicht irgendwo jenseits der Milchstraße. Jesus sagt: „Das Reich Gottes ist schon mitten unter euch" (Lk 17,21).
Von dieser Hoffnung leben – das läßt den Himmel schon heute beginnen.